Como melhorar a saúde mental no trabalho

→ UM GUIA ACIMA DA MÉDIA

Harvard Business Review
Como melhorar a saúde mental no trabalho

SEXTANTE

Harvard Business Review Press

Título original: *HBR Guide to Better Mental Health at Work*
Copyright © 2022 por Harvard Business School Publishing Corporation
Copyright da tradução © 2023 por GMT Editores Ltda.
Publicado mediante acordo com Harvard Business Review Press.

Todos os direitos reservados. Nenhuma parte deste livro pode ser utilizada ou reproduzida sob quaisquer meios existentes sem autorização por escrito dos editores.

tradução: Rita Paschoalin
preparo de originais: Raïtsa Leal
revisão: Rachel Rimas e Suelen Lopes
diagramação: Natali Nabekura
capa: Stephani Finks / HBR Press
adaptação de capa: Ana Paula Daudt Brandão
impressão e acabamento: Associação Religiosa Imprensa da Fé

CIP-BRASIL. CATALOGAÇÃO NA PUBLICAÇÃO
SINDICATO NACIONAL DOS EDITORES DE LIVROS, RJ

C728

Como melhorar a saúde mental no trabalho / Harvard Business Review ; tradução Rita Paschoalin. - 1. ed. - Rio de Janeiro : Sextante, 2023.

224 p. ; 21 cm. (Um guia acima da média)

Tradução de: Better mental health at work
ISBN 978-65-5564-657-3

1. Psicologia industrial. 2. Trabalho - Aspectos psicológicos. 3. Trabalhadores - Saúde mental. 4. Qualidade de vida no trabalho - Aspectos psicológicos. I. Harvard Business Review (Firma). II. Paschoalin, Rita. III. Série.

23-83372
CDD: 158.7
CDU: 005.32:331.44

Meri Gleice Rodrigues de Souza - Bibliotecária - CRB-7/6439

Todos os direitos reservados, no Brasil, por
GMT Editores Ltda.
Rua Voluntários da Pátria, 45 – Gr. 1.404 – Botafogo
22270-000 – Rio de Janeiro – RJ
Tel.: (21) 2538-4100 – Fax: (21) 2286-9244
E-mail: atendimento@sextante.com.br
www.sextante.com.br

Sumário

O que você vai aprender   9

Introdução: A saúde mental no ambiente de trabalho   11
Não podemos mais fingir que está tudo bem
MORRA AARONS-MELE

Seção 1: CONVERSANDO SOBRE SAÚDE MENTAL   19

1. **Como falar de saúde mental no trabalho**   21
   Dicas de como pedir aquilo de que você precisa
   KELLY GREENWOOD

2. **Como falar de saúde mental com seu chefe**   29
   Revelar o que sentimos pode nos fazer mais felizes e nos tornar mais produtivos
   DEBORAH GRAYSON RIEGEL

Seção 2: CUIDANDO DA SAÚDE MENTAL   37

3. **Como estruturar o dia de trabalho e fortalecer a saúde mental**   39
   Inclua rotinas e momentos de distração na agenda
   ALICE BOYES

4. **Como gerenciar a ansiedade** 49
   Entenda a situação e reaja com autocompaixão
   CHARLOTTE LIEBERMAN

5. **Como trabalhar com depressão** 56
   Manter-se produtivo pode interromper a espiral negativa
   ALICE BOYES

6. **Como lidar com um ataque de pânico** 63
   Estratégias para gerenciar uma situação assustadora
   RUTH C. WHITE

Seção 3: LEVE O SEU EU INTEIRO PARA TRABALHAR 71

7. **Quando você é "o único" no trabalho** 73
   Encontre força em sua singularidade
   MORRA AARONS-MELE ENTREVISTA ANGELA NEAL-BARNETT
   E NILOFER MERCHANT

8. **Como fortalecer a saúde mental das mulheres** 84
   *O que as próprias mulheres podem fazer
   e o que líderes de qualquer gênero devem fazer*
   KELLY GREENWOOD

9. **Como priorizar a saúde mental de pessoas
   não brancas** 96
   Conselhos para indivíduos e tomadores de decisão
   ANGELA NEAL-BARNETT

Seção 4: O PAPEL DA GERÊNCIA NO FORTALECIMENTO DA SAÚDE MENTAL 105

10. **Como reduzir o estigma da saúde mental
    no trabalho** 107
    Cinco maneiras de criar uma cultura de empatia
    DIANA O'BRIEN E JEN FISHER

11. **Quando um funcionário compartilha um problema de saúde mental**   112
   O que dizer – e o que não dizer
   AMY GALLO

12. **Como se informar sobre a saúde mental da equipe sem invadir espaços**   122
   Trate a saúde a partir de um ponto de vista holístico
   DEBORAH GRAYSON RIEGEL

13. **Como lidar com um funcionário com depressão**   127
   O ajuste de horários, funções e prazos pode fazer diferença
   KRISTEN BELL DETIENNE, JILL M. HOOLEY, CRISTIAN LARROCHA E ANNSHERI REAY

14. **Ansiedade quando você é o chefe**   134
   Se você não estiver bem, pode influenciar os outros
   MORRA AARONS-MELE

Seção 5: COMO AJUDAR COLEGAS EM DIFICULDADES   147

15. **Quando você se preocupa com um colega**   149
   Descobrindo o que dizer – e se você deve dizer
   AMY GALLO

16. **Como identificar e reagir a microagressões**   158
   Torne-se mais consciente dos fatores de estresse que seus colegas enfrentam
   ELLA F. WASHINGTON

17. **Como contribuir para a saúde mental**   171
   Dê aos outros o apoio que gostaria de receber
   KATHERINE PONTE

Seção 6: ATITUDES DA DIRETORIA-EXECUTIVA   **185**

18. **Como lidar com a depressão na diretoria-executiva**   **187**
    A história de luta e sucesso de um executivo
    MORRA AARONS-MELE ENTREVISTA PAUL GREENBERG

19. **Como oferecer benefícios relativos à saúde mental adequados aos funcionários integrantes de grupos raciais minoritários**   **196**
    E como lhes garantir fácil acesso aos benefícios
    ANDREA HOLMAN E JOE GRASSO

20. **Como formar um grupo de recursos de funcionários dedicado à saúde mental**   **203**
    Impulsione uma comunidade no trabalho
    JEN PORTER, BERNIE WONG E KELLY GREENWOOD

21. **Como incorporar a saúde mental às normas da empresa**   **212**
    Não se limite a cumprir tarefas – ajude as pessoas
    KELSEY RAYMOND

Notas   **219**

O que você vai aprender

Até pouco tempo atrás, muitos de nós achávamos melhor manter as questões de saúde mental longe do ambiente de trabalho. Se nós ou um colega estivéssemos enfrentando algum problema, a reação mais comum era minimizar a situação ou ignorá-la com discrição. Entretanto, um número cada vez maior de empresas tem reconhecido a importância de dar suporte à saúde mental dos funcionários e tratá-la como aquilo que ela de fato é: uma parte essencial da saúde.

Essa mudança bem-vinda tem tornado um pouco mais fácil ser quem realmente somos no trabalho. Ainda assim, dar suporte à saúde mental – à sua, à dos colegas de equipe e à dos funcionários – nem sempre é fácil. Como cuidar da saúde mental enquanto você cumpre suas tarefas? Como iniciar conversas honestas e produtivas sobre o assunto sem ir longe demais? Como cultivar uma cultura que não dê espaço para a estigmatização? Como ajudar colegas de trabalho quando você não sabe o que fazer? E como garantir que as políticas da empresa favoreçam *todos* os funcionários?

Seja você um colaborador individual, um gerente ou um líder sênior, este guia o ajudará a criar um ambiente de trabalho no qual as pessoas possam ser honestas sobre como estão se sentindo. Você vai aprender a:

- Conversar abertamente sobre saúde mental no trabalho.

- Gerenciar funcionários com diferentes desafios relativos à saúde mental.

- Abordar o assunto com um colega que possa estar com problemas.

- Estruturar os dias de modo a fortalecer sua saúde mental.

- Construir uma comunidade com um grupo de recursos de funcionários.

- Lidar com um ataque de pânico no escritório.

- Garantir que a empresa ofereça os benefícios de que os funcionários precisam.

- Elaborar uma política de saúde mental que dê às pessoas um apoio concreto.

- Ser um aliado de seus colegas de trabalho.

Introdução
A saúde mental no ambiente de trabalho

Morra Aarons-Mele

Apesar das mensagens entusiasmadas dos chefes que nos intimam a "trabalhar de corpo e alma", a maioria das pessoas deixa em casa uma parte significativa e importante de si mesma todos os dias: a saúde mental. A despeito dos muitos progressos em torno do bem-estar físico, tanto nos modelos de liderança (o incentivo à segurança psicológica e a postura de líder servidor) quanto nas comodidades (horários flexíveis e mesas ergonômicas), ainda há estigmas associados às conversas sinceras relativas à saúde mental. Há uma infinidade de livros sobre como ser uma pessoa mais produtiva, como resolver conflitos e receber um pagamento justo, mas, em contrapartida, poucas ideias acerca de como nós podemos ser humanos por completo no lugar onde passamos tanto tempo: o trabalho.

Ao longo da vida, é provável que a maioria de nós se sinta mentalmente ora bem, ora mal. É possível sentir ansiedade ou ter depressão por um curto período por causa de certas circunstâncias, ou receber o diagnóstico de algum transtorno mais duradouro. Nos Estados Unidos, os transtornos de ansiedade afetam cerca de 40 milhões de adultos, e no mundo esse número é estimado em 284 milhões de pessoas, o que faz da ansiedade a enfermidade mental mais comum do planeta. Na verdade, os números devem ser ainda mais altos, uma vez que as estatísticas refletem apenas as pessoas que tiveram acesso a tratamento e que receberam um diagnóstico. Outros exemplos de problemas mentais são a depressão, os transtornos de humor, como o transtorno bipolar tipos I e II, o transtorno obsessivo-compulsivo e outros distúrbios, como o transtorno de estresse pós-traumático (TEPT).

Algumas doenças mentais caminham juntas. Dados da Organização Mundial da Saúde (OMS) indicam que a ansiedade e a depressão – as principais causas de incapacitação no mundo – estão intimamente relacionadas: 61,2% das pessoas que tiveram algum transtorno de ansiedade ao longo da vida enfrentam também um transtorno depressivo significativo.

É claro que muitos desses problemas se tornaram mais comuns nos últimos anos por causa da pandemia de covid-19. De maneira geral, estamos mais ansiosos do que nunca. As taxas de ansiedade, perturbação psicológica, depressão, insônia e TEPT subiram durante esse período. Um estudo da organização Mental Health America verificou que, entre 2019 e 2020, o número de pessoas que buscaram ajuda para tratar ansiedade e depressão sofreu um aumento de 93%. Em estudos mais recentes, pesquisadores descobriram que as taxas globais desses transtornos se elevaram de forma dramática em 2020, em decorrência da pandemia, com um adicional de 76,2 milhões de casos de ansiedade e 53,2 milhões de novos casos de transtornos depressivos significativos.

É evidente que a ansiedade, a depressão e outros problemas de saúde mental são capazes de drenar nossa energia, destruir nossa capacidade de concentração e nos levar a tomar decisões ruins, impensadas e equivocadas. Podem nos fazer perder o foco, distorcer os fatos, chegar a conclusões precipitadas. E podem, inclusive, resultar em dores e danos físicos. Em situações mais extremas, esses distúrbios podem nos prender em círculos de pensamentos obsessivos e negativos que nos impedem de seguir em frente. São capazes de nos fazer passar tempo demais pensando nos piores e mais assustadores cenários, a ponto de ficarmos – e, por conseguinte, aqueles a quem lideramos – paralisados. Em resumo, um transtorno mental sem tratamento é capaz de tornar líderes e equipes menos eficientes. Sem falar que pode nos fazer muito infelizes, no trabalho e em todos os outros aspectos da vida.

O transtorno mental é um desafio, não uma fraqueza. Ao entender a saúde mental e levá-la a sério, o indivíduo junta forças pelo tempo que for preciso e garante que a vida profissional seja parte integrante de suas crenças e de seus objetivos pessoais. Muitas pessoas com um longo histórico de problemas mentais passaram a enxergá-los como uma espécie de superpoder, como obstáculos que as ajudaram a desenvolver resiliência e empatia e a se tornarem as lideranças que se orgulham de ser. Eu credito à ansiedade e ao transtorno bipolar o meu forte senso de empatia, minha coerência e minhas habilidades interpessoais, ferramentas que me ajudaram a construir uma carreira de sucesso como profissional de marketing, vendedora, empreendedora e apresentadora de podcast. Entender a psique é fundamental para a liderança e o sucesso.

Se aprendemos algo com os efeitos traumáticos da pandemia de covid-19, foi que não podemos mais fingir que está tudo bem. Isso significa que os líderes têm uma rara oportunidade de priorizar a saúde mental no trabalho e de começar a falar sobre seus aspectos e sobre como ela se manifesta no dia a dia da vida profissional.

Faça da saúde mental um tema natural no trabalho

Se você está lendo este livro, então está apto a contribuir para o esforço coletivo de tornar as conversas sobre saúde mental uma parte natural do trabalho diário. Você sabe que isso é difícil e que mexe com emoções poderosas. Na verdade, muitos dos capítulos deste livro incluem histórias pessoais ou revelações dos autores, porque a melhor forma de reduzir o estigma é falar sobre as próprias experiências.

E é urgente fazê-lo: segundo pesquisas, é seguro supor que neste momento você esteja trabalhando com várias pessoas que enfrentam algum problema de saúde mental. São colegas, subordinados, concorrentes, assistentes, chefes, membros da diretoria. Somos nós. São as pessoas à frente de qualquer negócio. E você pode ser uma delas.

A leitura deste livro fornecerá as ferramentas e a linguagem necessárias com as quais abrir espaço para conversas produtivas sobre saúde mental.

Um estudo da London School of Economics revelou que os funcionários capazes de falar com a chefia sobre seus problemas mentais são mais produtivos.[1] A falta de conversas francas foi associada a um afastamento de 4,1 dias a mais durante episódios de depressão. A OMS estima que, juntas, depressão e ansiedade custam à economia global 1 trilhão de dólares por ano em perda de produtividade – e essa estimativa se baseia em dados pré-pandemia.

A boa notícia é que cada vez mais empresas estão entendendo a mensagem: falar de saúde mental no trabalho é saudável, e criar organizações mentalmente saudáveis é difícil, porém possível. Em uma pesquisa recente, conduzida em 2021 pela organização Mind Share Partners, 65% dos funcionários disseram que falavam do assunto. As empresas também estão investindo mais em tratamentos na área. Neste livro, você conhecerá líderes que estão implementando práticas trabalhistas de saúde mental.

Ninguém precisa ser perfeito para se tornar um grande líder ou um excelente funcionário. No entanto, precisa, sim, falar com honestidade sobre si mesmo e suas necessidades. Podemos todos trabalhar juntos para entender e levar a sério a saúde mental. Bem-vindo à conversa! A mudança começa em nós.

Como usar este livro

Você não precisa ler este livro do início ao fim (embora, é claro, fosse ótimo que você o fizesse). Sinta-se livre para ler os capítulos que lhe pareçam mais relevantes ou para ler aqui e ali. Caso haja uma seção específica que seja interessante para você e sua empresa, compartilhe-a com os tomadores de decisão, e quem sabe isso pode até ajudar a formar um grupo de recursos de funcionários (ERG, na sigla em inglês); voltaremos a falar sobre esses grupos no capítulo 20. Outra alternativa é iniciar um clube de leitura com este guia e usá-lo como um catalisador de discussões entre membros da equipe ou organização.

Ainda que as seções do livro não tragam conselhos específicos para determinados grupos identitários dentro da força de trabalho, tentamos escrevê-lo considerando noções de diversidade, inclusão e pertencimento. O campo da saúde mental como um todo tem muito trabalho a realizar no que se refere a tratar as pessoas com uma abordagem interseccional, e dentro do ambiente de trabalho isso não é exceção. Este livro contém conselhos baseados em evidências, tratando de forma mais específica certos grupos, quando necessário; a boa notícia é que os dados mostram que esse tipo de conselho costuma ser amplamente aplicável.

PARA SABER MAIS

Caso você esteja à procura de mais recursos, talvez seja interessante conferir (sites em inglês, exceto os dois primeiros):

- Associação Internacional de Controle do Stress (ISMA BR) – www.ismabrasil.com.br

- Organização Mundial da Saúde – www.who.int/pt

- National Alliance on Mental Illness – www.nami.org/home

- Associação Americana de Psicologia – www.apa.org

- Anxiety.org – www.anxiety.org

- Associação de Ansiedade e Depressão da América – www.adaa.org

- Mind Share Partners – www.mindsharepartners.org

- Made of Millions – www.madeofmillions.com

- PRADAA Lab – sites.google.com/view/pradaalab/home

- ADDitude Mag – wwwadditudemag.com

- Understood – www.understood.org

(continua)

- Mental Health America – www.mhanational.org

- Escritora e ex-psicóloga clínica Alice Boyes – www.aliceboyes.com

Além disso, você pode conferir o *The Anxious Achiever*, o podcast sobre saúde mental que apresento para a rede de podcasts da HBR Presents. Nele, entrevisto líderes executivos que lidam com todo tipo de problema de saúde mental e deficiência. O podcast está disponível em https://hbr.org ou em qualquer outra plataforma de podcasts. Em inglês.

Quero encerrar com as sábias palavras de um de meus convidados favoritos no podcast, Vikas Shah, membro da Ordem do Império Britânico. Vikas é empreendedor de alto desempenho, figura pública e professor de MBA que foi condecorado pela rainha Elizabeth por suas contribuições ao mundo dos negócios e à economia do Reino Unido. Além disso, ele lida com a ansiedade e a depressão todos os dias. Vikas faz questão de compartilhar sua experiência, na esperança de ajudar outras pessoas a lidarem melhor com o problema.

Eu ficava muito ansioso por causa do trabalho, por causa de tudo, e estava sempre muito estressado. O burnout causado pela ansiedade exauriu tanto minhas reservas emocionais que acabei deprimido também. Eu me sinto muito grato por ter conseguido fazer as pazes com tudo isso, porque essa não é uma narrativa que a gente costuma ouvir quando se fala de saúde mental. Há sempre a ideia de que a recuperação é um ponto final, mas em muitos casos a recuperação se limita ao fato de se fazer as pazes com o que quer que leve a pessoa àquela situação, e é preciso aprender a viver com essa coisa e a gerenciá-la. Fazer as pazes com quem eu sou me dá superpoderes pelos quais eu me sinto muito grato. Tomo meus remédios e tenho minha rotina; há várias coisas que faço apenas com o objetivo de proteger minha saúde mental. Funciona. E isso me mantém operante em condições relativamente normais. Hoje em dia, dou aulas em escolas de negócios e sempre digo aos meus alunos: "Se tem algo que eu os encorajo a fazer, é desenvolver a resiliência. É a habilidade mais importante que vocês vão ter na vida."

— Vikas Shah, MBE, em *The Anxious Achiever*,
temporada 4, episódio 6

Morra Aarons-Mele é empreendedora, especialista em marketing on-line e executiva de comunicação. Fundadora da premiada agência de comunicação estratégica Women Online e do banco de dados de influenciadores The Mission List, Aarons-Mele ajudou Hillary Clinton a se conectar para seu primeiro bate-papo pela internet e já lançou campanhas digitais em nome do ex-presidente Obama, de Malala Yousafzai, da Organização das Nações Unidas e de muitas outras personalidades e organizações de destaque. Sendo ela mesma uma pessoa extremamente ansiosa e introvertida, apresenta o muito bem ranqueado podcast *The Anxious Achiever*, da HBR Presents, ligada à Harvard Business Review. Aarons-Mele adora ajudar as pessoas a repensarem a relação entre saúde mental e liderança.

Seção 1

Conversando sobre saúde mental

Capítulo 1
Como falar de saúde mental no trabalho

Kelly Greenwood

Quando enfim revelei no trabalho que sofria de um transtorno generalizado de ansiedade, era tarde demais. Ele já havia se convertido em uma depressão extenuante, e eu não conseguia mais sequer rascunhar um simples e-mail – muito menos dar conta do trabalho rigoroso para o qual fora contratada. O alto desempenho de antes tinha sido afetado de modo evidente, o que me obrigou a compartilhar a verdade em meio a muito nervosismo e, por fim, me forçou a tirar uma licença.

Olhando em retrospecto, é provável que um acordo precoce tivesse evitado tudo isso, me resguardando do imenso transtorno pessoal e poupando a empresa da carga extra de trabalho.

O que eu não sabia à época é que até 80% das pessoas enfrentam um problema de saúde mental diagnosticável ao longo da vida, estejam ou não cientes disso.[2] A prevalência de sintomas

---

Adaptado de "How to Talk About Your Mental Health with Your Employer", publicado em hbr.org, 30 de julho de 2021.

é a mesma da diretoria-executiva aos colaboradores individuais. Entretanto, cerca de 60% dos funcionários jamais conversaram com alguém do trabalho sobre os próprios problemas de saúde mental.³ Muitos indivíduos com alto desempenho, incluindo empreendedores ansiosos como eu, têm pontos fortes que costumam resultar desses problemas. Eu não estava nem perto de ser o caso isolado que imaginava ser.

A saúde mental é um espectro no qual todos nós oscilamos, assim como ocorre com a saúde física. A maioria de nós flutua entre o estresse, o burnout e problemas diagnosticáveis, como depressão ou ansiedade, dependendo do que estiver acontecendo em nossa vida. Ainda que possa parecer mais difícil contar sobre um transtorno bipolar do que sobre um burnout, todos devem ser capazes de falar sobre isso em alguma medida.

Isso nunca foi tão verdadeiro quanto durante a pandemia de covid-19, quando as pessoas lidavam com os fatores estressantes da situação, o trauma racial e muito mais. Por causa dos desafios sociais em comum e da barreira difusa entre vida pessoal e profissional decorrente do trabalho remoto, chefes, subordinados e colegas estavam mais vulneráveis e desarmados do que nunca. Nós também nos beneficiamos da coragem de personalidades públicas que falaram com franqueza sobre saúde mental, como a ginasta Simone Biles, a estrela do tênis Naomi Osaka, o príncipe Harry e a duquesa de Sussex Meghan Markle. Eles não só optaram por compartilhar seus problemas, como também tomaram decisões difíceis que priorizavam o bem-estar.

Dito isso, os efeitos do estigma podem ir longe. Meu autoestigma me dizia que eu era fraca e que deveria me envergonhar da ansiedade e da depressão. O estigma social me dizia que eu seria julgada e que as repercussões profissionais viriam caso as pessoas descobrissem meu problema. Entretanto, depois de falar abertamente sobre o assunto nos últimos anos, nada disso aconteceu. Como resultado de minha experiência, fundei a Mind Share Partners, uma organização sem fins lucrativos que tem como objetivo transformar a cultura da saúde mental no ambiente de trabalho. Eis o que recomendamos, caso você esteja pensando em contar no trabalho que enfrenta algum problema de saúde mental.

Reflita sobre o que está sentindo

Em primeiro lugar, pense no que está enfrentando e qual é o impacto disso – em seu desempenho profissional, seu comportamento e outros fatores. Qual é a duração desse impacto? É algo breve que vai passar em poucos dias, um problema mais longo, apesar de episódico, ou um distúrbio crônico? Pense na possível causa dos sintomas, caso eles nem sempre estejam presentes. Tem relação com o trabalho, com algum aspecto da vida pessoal ou com um fator estressante de maior alcance?

Para mim, esses elementos se tornaram claros após um pouco de autorreflexão. Alguns meses antes, eu havia iniciado um novo trabalho com uma equipe reduzida. Pela primeira vez na vida, fui incapaz de dar conta de tudo o que me pediam. Além disso, eu tinha ficado sem a medicação da ansiedade e não estava conseguindo ir à terapia com regularidade por causa da nova rota de deslocamento para o trabalho. Em uma situação assim, eu deveria estar me encontrando com minha terapeuta com mais frequência, e não menos. Eu tinha deixado de ser uma colega animada e com alto desempenho para me tornar uma pessoa desinteressada, que passava longe da competência. Não demorou muito até eu perceber essa situação. Dito isso, é possível que outras pessoas com narrativas mais complicadas se beneficiem de uma conversa com a família, amigos ou um terapeuta.

Considere o contexto e os recursos

Eu gostaria de ter decidido ser franca o suficiente para fazer logo um acordo, ou que a empresa tivesse promovido alguma flexibilidade de modo que eu nunca nem precisasse de nada. Dependendo de como você se sente, da chefia, da cultura da empresa e de outros fatores, pedir para fazer um acordo pode ser assustador ou desestabilizante. Mas eu só precisava de permissão para ir à terapia no horário de trabalho, por causa das complicações do deslocamento. Isso implicaria chegar atrasada uma vez por semana ou trabalhar de casa às sextas-feiras, acordo permitido apenas aos funcionários com mais de seis meses de empresa. Mesmo assim, por causa do autoestigma e do receio infundado do que meu gerente poderia pensar, não tentei fazer esse acordo. De vez em quando, eu me pergunto o que teria acontecido se eu tivesse atribuído a necessidade de me afastar do escritório a uma necessidade física, como a aplicação semanal de uma vacina para alergias.

Naquela época, a saúde mental no ambiente de trabalho não estava no radar de ninguém. Não se falava do assunto com franqueza nem havia qualquer treinamento para lidar com o problema no ambiente corporativo. Hoje, é mais fácil haver indicadores claros que revelem se uma empresa, equipe de RH e chefia se preocupam com a saúde mental dos funcionários.

Antes de tudo, pense na cultura da empresa. Os líderes já tocaram no assunto? A empresa oferece capacitação sobre saúde mental no ambiente de trabalho? Existe algum grupo de recursos de funcionários dedicado ao tema?

Em seguida, avalie se a pessoa que ocupa a chefia é alguém confiável, solidário a você. Trata-se de alguém que já falou da própria saúde mental ou que compartilhou problemas pessoais? Esse nível de autenticidade estabelece confiança e pode ser revelador. Avalie se a pessoa tem demonstrado um comportamento mentalmente saudável – mesmo por meio de coisas simples, como se exercitar com frequência, dormir o suficiente e tirar férias. Isso pode ajudar você a decidir com quem compartilhar seus problemas e quanto revelar.

Depois, informe-se sobre as proteções e os benefícios aos quais você tem direito por lei. Nos Estados Unidos, por exemplo, negócios com 15 ou mais funcionários são obrigados por lei a fornecer acordos razoáveis.[4] Os recursos e as proteções legais variam de acordo com a região, portanto é preciso verificar os regulamentos locais, sempre que possível. Assim, você pode se defender caso a gerência ou o RH deixem a desejar.

Por fim, pense nos recursos e apoios que seriam úteis para você, como acesso a um tratamento, um acordo formal ou algo mais simples. Quem "detém" esses recursos? Pode ser o RH, a gerência ou outro setor.

Verifique seu nível de conforto

Quão confortável você se sente em dividir a situação com alguém? Quanto é necessário compartilhar para atingir seu objetivo? Caso você seja uma pessoa próxima à chefia, revele em detalhes, se preferir, o diagnóstico e o histórico do problema. Ou limite-se a algo como "Estou passando por uma fase difícil por causa de [um aspecto genérico de sua vida]. Tudo bem se eu faltar ao trabalho na segunda e na terça-feira?".

Sendo recém-contratada, ainda tentando provar meu valor e apavorada com possíveis repercussões profissionais, eu não quis contar nada do meu diagnóstico de ansiedade. No entanto, é provável que, se tivesse partilhado apenas um pouco da minha história, eu tivesse atingido o objetivo de conseguir horas de trabalho flexíveis para ir à terapia.

Caso não se sinta confortável em conversar com a chefia, é possível que você prefira entrar em contato com o RH ou com um outro integrante da gerência. O importante é ter algum senso de segurança psicológica com qualquer que seja a pessoa escolhida. Lembre-se de que costuma ser exigido dos superiores diretos o repasse ao RH de qualquer informação referente à saúde dos funcionários que afete o trabalho – não por uma questão de punição, mas com o intuito de garantir tanto consistência entre as gerências quanto o acesso a uma gama completa de recursos.

Avalie em detalhes quais soluções ou recursos específicos referentes à flexibilização do trabalho seriam os mais úteis no seu caso. Você pode precisar dessas informações durante a conversa. Os exemplos incluem tudo, desde sessões regulares de terapia e avaliações mais frequentes até horas off-line ou algum tempo reservado para se concentrar no trabalho.

Se você for como eu, vai querer que a ajuda venha de fontes seguras. Como eu já estava lidando com as dores da depressão na época em que decidi me abrir, minhas funções mentais não me permitiram buscar soluções ou tomar decisões de maneira normal. Por isso, falei sobre o assunto com meu marido, meus pais e minha terapeuta. Outras pessoas podem preferir conversar com colegas, um amigo ou um profissional da saúde que lide com saúde mental, neurodiversidade ou deficiências.

Inicie a conversa

Depois de decidir com quem vai compartilhar sua experiência, estabeleça um horário para conversar pessoalmente e em particular. Reserve mais tempo do que acha que será necessário, de modo que a conversa não precise ser interrompida. Fale com clareza sobre o impacto de seus problemas de saúde mental nas tarefas. Informe também se a causa tem relação com o trabalho.

Contribua o máximo possível com sugestões de como a gerência ou o RH podem ajudar. Fale sobre mudanças e recursos que considerar benéficos. Isso pode variar muito. Os exemplos incluem: "Estou bem agora, mas seria bom saber com quais recursos posso contar, caso eu precise" ou "Falar dos estilos de trabalho pode ajudar a esclarecer algumas normas e aliviar o estresse". Geralmente, a simples prática de falar do que você e sua equipe precisam para fazer um bom trabalho é o bastante. Sempre se sinta livre para sugerir uma solução em conjunto com a chefia e com o RH – o ideal é que esse seja um esforço coletivo.

Assim como você espera que a chefia e o RH demonstrem empatia, procure ter empatia em relação a eles também. Ainda que você tenha pensado em todos os detalhes da situação, o assunto pode ser novidade para eles. Talvez não compreendam tudo no início da conversa, mas é provável que tenham boas intenções. Dê-lhes o benefício da dúvida e conceda-lhes um tempo para voltar ao assunto e dar os próximos passos. Certifique-se de assegurar um prazo para dar seguimento à conversa.

No futuro, espero que empresas e gerências facilitem aos empregados a decisão de falar abertamente sobre seus problemas de saúde mental e que criem juntos soluções para garantir que eles superem os desafios. Espero que abracemos a oportunidade de continuar sendo pessoas vulneráveis e autênticas no trabalho, como foi necessário na pandemia. Em vez de dizer "Tudo bem", vamos dar uma resposta completa e honesta quando nos perguntarem "Como vai?". Todos estamos lidando com algum problema, seja ele grande ou pequeno. Só precisamos permitir que os outros saibam.

Kelly Greenwood é fundadora e CEO da Mind Share Partners, organização sem fins lucrativos que busca mudar a cultura relacionada à saúde mental no ambiente de trabalho para que empregados e empresas consigam prosperar. A organização fornece treinamento e aconselhamento estratégico para grandes empresas, cria comunidades de apoio a grupos de recursos de funcionários e profissionais e contribui para a conscientização pública. Kelly aprendeu a gerenciar o transtorno de ansiedade generalizada que por duas vezes a levou a uma depressão debilitante. Fundou a Mind Share Partners para criar recursos aos quais gostaria de ter tido acesso, junto a seus chefes e sua empresa, na época em que estava em apuros. Siga Kelly no Twitter: @KellyAGreenwood.

Capítulo 2
Como falar de saúde mental com seu chefe

Deborah Grayson Riegel

Quando comecei em meu primeiro emprego, tive medo de falar com minha chefe sobre a luta contra o transtorno obsessivo-compulsivo (TOC). Eu tinha certeza de que ela não entenderia. Falei a mim mesma que, depois de saber, ela acharia que não podia contar comigo. Imaginei que ela não me consideraria merecedora de uma promoção ou, pior, que faria pouco-caso do problema.

Passei dois meses ruminando como seria essa conversa, antecipando todo tipo de desfecho negativo. Por fim, concluí: se não conversasse com a chefia, não poderia pedir a ajuda que eu queria.

Então, um dia, criei coragem, e, ao contrário do que eu temia, ela se mostrou empática e solidária. Pouco a pouco, comecei a me abrir com os colegas. Descobri que não era a única convivendo e trabalhando com um transtorno mental.

Quando olho para trás, acho incrível ter acreditado que minha experiência era um caso isolado. Quase 1 bilhão de pessoas

---

Adaptado de "Should You Talk to Your Boss About Your Mental Health?", publicado em hbr.org, 7 de setembro de 2021.

no mundo têm algum distúrbio mental, incluindo 47 milhões de estadunidenses.[5] Além disso, durante a pandemia de covid-19, os sintomas de ansiedade e depressão aumentaram nos Estados Unidos – cerca de 80% das pessoas com idade entre 18 e 24 relataram sintomas de moderados a severos.[6]

Mesmo assim, falar de saúde mental no ambiente de trabalho traz sempre certo estigma. O problema é que, quando evitamos deliberadamente tratar do assunto no trabalho, o estigma aumenta. A quebra desse ciclo costuma começar por admitirmos nossas lutas.

Sempre que o fazemos (e as pesquisas confirmam isso), tendemos a ser mais felizes, menos estressados e mais confiantes e produtivos no trabalho. Abrir-se pode inclusive levar outros a compartilharem suas experiências, criando um espaço mais confiável, psicologicamente seguro e inclusivo para todos.

Dito isso, ainda que haja muitas boas razões para se abrir no trabalho, fazer isso pode ser difícil – ainda mais para quem está começando em uma organização ou iniciando a carreira.

Caso tenha ouvido falar que a gerência minimiza ou fala mal de problemas de saúde mental, ou mesmo questões de saúde de modo geral, talvez você decida não se abrir. Você pode optar por não conversar com a chefia se tiver ouvido coisas como "Trabalho é trabalho, vida pessoal é outra coisa" ou se a cultura reforçar essa ideia. E no caso de seu gerente já ter vazado informações confidenciais de outras pessoas, é possível que você decida se calar sobre sua saúde mental.

Portanto, lembre-se: se achar que ainda não é o momento, não se sinta na obrigação de abrir o jogo. Caso julgue que tem mais a perder do que a ganhar, ou precise de mais tempo para tomar uma decisão, não force a barra (e seja paciente consigo mesmo durante o processo).

A seguir, alguns aspectos para manter em mente quando, e se, você se sentir pronto para essa conversa.

Entenda o que está contando

Em primeiro lugar, descubra se o seu problema é passageiro ou se você sofre de um distúrbio mental diagnosticado.

Um problema de saúde mental ocorre quando há uma grande mudança nos pensamentos, nos sentimentos ou no comportamento de uma pessoa, a ponto de interferir na habilidade dela de trabalhar e tocar a vida como de costume. Pode ser algo temporário ou ser desencadeado por um evento específico. Por exemplo, o isolamento social, a discriminação ou o bullying no trabalho, um relacionamento rompido há pouco tempo ou uma pessoa doente na família podem operar como gatilhos.

Um distúrbio mental diagnosticado, por outro lado, costuma ser duradouro e ter uma classificação dada por um profissional de medicina ou saúde mental. Esse transtorno pode perturbar a capacidade de se engajar no trabalho, em atividades rotineiras ou em relacionamentos satisfatórios. Os exemplos incluem depressão, transtorno de ansiedade, estresse pós-traumático e bipolaridade.

Preste atenção nos sintomas e no modo como eles impactam seu funcionamento no dia a dia. Se você tem dificuldade de concluir um trabalho, de dormir bem ou de interagir com os outros, esse pode ser um sinal para procurar ajuda – de um profissional e também no trabalho.

Mesmo que reconheça que seu problema é temporário – tal como uma tristeza associada a um término recente –, saiba que muitas pessoas se beneficiam de ajuda. Reflita sobre tudo o que funcionou bem em situações difíceis no passado: conversar com um amigo próximo ou com alguém da família? Frequentar um grupo de apoio para pessoas com desafios semelhantes? Consultar-se com um profissional?

Por fim, saiba que não é preciso compartilhar seu sofrimento se não se sentir confortável para tal.

Pense no "porquê"

Antes de revelar seu problema ou distúrbio, pense no resultado que deseja obter. Você está se abrindo para estabelecer uma relação de confiança com a chefia e a equipe? Tem demandas específicas que gostaria que seu empregador atendesse? Seria seu objetivo entender melhor a política em torno da saúde mental em voga no ambiente de trabalho?

Por exemplo, se você estiver enfrentando um problema de saúde mental, como estresse decorrente dos cuidados dedicados a um pai ou uma mãe doente, talvez decida revelar à chefia o que está sentindo. Nesse caso, é bom pensar em solicitar uma folga ou informar que talvez precise perder alguma reunião, caso surja uma emergência.

Se você estiver se abrindo sobre um transtorno mental prolongado, seu objetivo pode ser solicitar um acordo permanente. Por exemplo, se estiver lidando com um distúrbio com impactos na concentração, é bom solicitar um ambiente de trabalho mais silencioso ou um horário mais flexível.

Seja qual for a situação, é melhor ter certeza do que você pretende, e das razões para isso, antes da conversa.

Conheça seus direitos

Antes de abordar o seu chefe, saiba que ninguém é obrigado a compartilhar o próprio histórico médico. Fale apenas dos detalhes que você não se importa de revelar ou que considera relevantes para seu desempenho e seu bem-estar no trabalho.

Talvez você tenha acesso a determinados direitos legais em sua cidade, seu país ou sua organização. Reserve um tempo para conhecer as leis sobre proteção à saúde mental, o que é possível fazer por meio de uma busca na internet sobre "direitos de pessoas com transtornos mentais". Conheça também as políticas da empresa. Solicite informações adicionais à equipe de RH, caso se sinta confortável em fazê-lo e confie que a equipe vai manter o sigilo de seu pedido.

No Brasil, por exemplo, os profissionais com diagnóstico de transtorno mental têm direito a licença de 15 dias e a 12 meses de estabilidade a partir da alta médica.

Prepare-se para compartilhar sua experiência

Você pode estar convivendo com depressão, ansiedade, TOC ou outro problema de saúde mental há anos. No entanto, lembre-se: tudo isso pode ser uma novidade para o seu chefe.

Mesmo que seus superiores estejam familiarizados com esse tipo de problema – seja com seu caso específico ou por associação –, isso não quer dizer que eles entendam você, sua experiência pessoal e suas necessidades específicas. Portanto, inicie a conversa disposto a explicar o que o problema ou distúrbio significa e o que não significa para *você*.

Explique à gerência que cada experiência pessoal com a saúde mental é única. Você pode dizer: "Eu tenho TOC. Para mim, isso se manifesta na forma de pensamentos invasivos que podem afetar minha concentração. Quando estou em crise, é muito difícil me concentrar em um projeto por mais de uma hora."

Instruir a chefia significa também manter-se aberto às perguntas. Ainda assim, saiba que é possível estabelecer limites, caso os questionamentos pareçam invasivos ou pessoais demais. Se você contar que está se recuperando de abuso de substâncias, por exemplo, talvez queira mencionar que costuma frequentar reuniões do Narcóticos Anônimos. Mas se lhe perguntarem que substâncias costumava usar, e essa pergunta cruzar os limites da privacidade, tudo o que você precisa dizer é: "Não me sinto confortável em falar sobre isso."

Ainda que não seja necessário falar de assuntos muito pessoais, sempre é possível assegurar ao chefe que você tem acesso a fontes de apoio fora do trabalho (se isso for verdade). Assim, ficará claro que não cabe à empresa atuar como conselheira ou terapeuta.

Informe suas necessidades à chefia

Caso precise de apoio vindo da chefia e da equipe, deixe esse pedido muito claro.

Você pode dizer: "De manhã, eu tomo uma medicação que me ajuda a gerenciar o TDAH, mas ela não faz efeito antes das 10 horas. Então, quando for preciso discutir algum assunto que realmente demande minha atenção, eu agradeceria se essas reuniões fossem agendadas para depois das 10 horas, de modo que eu consiga estar 100% presente."

Além disso, é bom assegurar à chefia de que você vai procurar ajuda, caso seja necessário. Por exemplo: "Quando tomo os remédios, de vez em quando tenho fortes dores de cabeça. Sei que vocês e toda a equipe se preocupam comigo e prometo compartilhar de maneira proativa minhas necessidades e a forma como estiver me sentindo, se eu não estiver bem. Pode ser?"

Recomendo, ainda, perguntar à gerência ou ao departamento de RH se a empresa oferece os benefícios a seguir:

- Acesso a um programa de assistência ao empregado, um serviço confidencial no ambiente de trabalho custeado pelo empregador que ofereça terapia gratuita para os funcionários.

- Plano de saúde sem custos ou com baixo custo para cuidados com saúde mental.

- Programas, gratuitos ou subsidiados, de aconselhamento, terapia ou autogestão.

- Oficinas de gerenciamento de estresse e bem-estar mental.

- Ambientes silenciosos ou fones de ouvido, caso você trabalhe na sede da empresa.

- Licença remunerada ou período sabático por questões ligadas à saúde mental.

Reforce comportamentos benéficos

Ao compartilhar informações sobre sua saúde mental, é provável que seu chefe se preocupe com você, com a equipe, com a carga de trabalho e até com os demais membros da própria chefia.

Assegure a seus superiores que você lhes dará retorno sobre o que está e o que não está funcionando muito bem. Reconheça os pequenos gestos e reforce as atitudes que lhe forem benéficas. Isso não apenas vai melhorar os relacionamentos e a atmosfera no trabalho, como também vai ajudar os outros a se sentirem mais confortáveis com a ideia de se abrir sobre seus respectivos problemas.

Diga, por exemplo: "Quando você me perguntou se estava indo longe demais ao me sugerir um dia de folga, eu me senti muito grato. Fiquei com a impressão de que você se importa comigo e de que se esforça para me ajudar. Muito obrigado. E você não foi longe demais. Era exatamente disso que eu estava precisando!"

Idealmente, ser honesto com o chefe vai ajudar vocês dois a criar um plano capaz de satisfazer necessidades mútuas. Contudo, se a cultura da gerência ou da empresa promove uma mentalidade "sempre alerta" e não aprecia sua vulnerabilidade, esse pode ser um sinal de relacionamento tóxico no ambiente de trabalho.

O fato de falar de saúde mental no trabalho não deve se transformar em uma nova fonte de estresse. Caso se veja em uma situação na qual seja difícil conversar com seus superiores sobre seu bem-estar, talvez esteja na hora de procurar oportunidades em empresas que valorizem os funcionários por inteiro. Ainda que seja da responsabilidade do empregador criar condições para que os funcionários se sintam seguros e valorizados, a realidade é que, muitas vezes, cabe a nós tomar uma iniciativa com o objetivo de conseguir o que queremos.

Um emprego é só um emprego. Nenhum projeto, prazo ou reunião vale o sacrifício da saúde mental e física. É possível ser um funcionário eficiente e produtivo sem abrir mão de cuidar de si.

Deborah Grayson Riegel é palestrante, conselheira executiva e consultora que ensina comunicação de liderança na Wharton Business School, no Programa de Liderança Feminina da Columbia Business School e no MBA Internacional de Pequim da Universidade de Pequim. Ela é coautora de *Go to Help: 31 Ways of Offer, Ask for, and Accept Help* (Busque ajuda: 31 maneiras de oferecer, pedir e aceitar ajuda) e de *Overcoming Overthinking: 36 Ways to Tame Anxiety for Work, School, and Life* (Superando o pensamento excessivo: 36 maneiras de domar a ansiedade no trabalho, nos estudos e na vida), ambos escritos com a filha Sophie, ativista de saúde mental. Deborah sofre de transtorno obsessivo-compulsivo, ansiedade generalizada e transtorno de tiques e se sente muito feliz por ter atingido o bem-estar mental, apesar dos problemas que enfrenta.

Seção 2
Cuidando da saúde mental

Capítulo 3
Como estruturar o dia de trabalho e fortalecer a saúde mental

Alice Boyes

Quando uma pessoa lida com alguma questão de saúde mental, encarar o expediente pode ser muito mais difícil do que o normal. Se a carga de trabalho estiver piorando a ansiedade, a depressão ou qualquer outro problema, a culpa não está necessariamente na quantidade ou no tipo de serviço. Às vezes, é a rotina que não está estruturada da maneira que melhor se adéque aos seus ritmos naturais ou ao tipo de problema de saúde que você está enfrentando.

Estruturar bem a rotina de trabalho pode ser útil para uma ampla gama de dificuldades, desde depressão e ansiedade até TDAH e bipolaridade. Entretanto, não existe uma versão universal para um dia de trabalho mentalmente saudável. O que funciona para uma pessoa se baseia em autoconhecimento, em experimentação e no equilíbrio das próprias necessidades com as dos demais.

Como identificar a melhor abordagem para cada um? Em primeiro lugar, vou descrever algumas estratégias específicas vinculadas a determinados problemas de saúde mental; em seguida, vou abordar o gerenciamento saudável do tempo de forma mais abrangente.

Estratégias para problemas específicos de saúde mental

Vamos começar por alguns conselhos que podem ajudar a lidar com problemas comuns ligados à saúde mental.

Ansiedade e depressão

Seja a ansiedade ou a depressão uma questão crônica ou passageira, o fato é que essas condições são capazes de tornar as pessoas mais inclinadas a evitar determinadas situações e mais propensas à procrastinação. Por exemplo, a pessoa pode demonstrar alta sensibilidade a quaisquer sinais de que o outro não está satisfeito com seu trabalho, mas, ao mesmo tempo, evitar lidar com a questão, em vez de encará-la. Se isso lhe parece familiar, considere a possibilidade de organizar os dias de modo a dificultar o esquivamento e a procrastinação. Por exemplo, estabeleça prazos curtos para as diferentes fases de um trabalho, em vez de um prazo final único para todo o projeto. Ou reserve um momento preestabelecido do dia para cumprir ao menos uma pequena parte daquela tarefa que você tem evitado. Progredir nas tarefas que você preferiria adiar evitará o estresse de piorar ainda mais as coisas.

TDAH (Transtorno do déficit de atenção com hiperatividade)

Muitos problemas de saúde mental demandam um esforço maior para fazer planejamentos e ter uma visão mais abrangente das coisas. Trata-se de um fator temporário no caso de problemas como a depressão, porém mais duradouro em quadros de TDAH. Se você se sente sobrecarregado ao fazer planejamentos, tente recorrer à ajuda de outras pessoas sempre que elas se dispuserem a prestar auxílio. Por exemplo, peça ao cliente que mapeie os prazos de cada estágio de um projeto ou faça do planejamento conjunto uma parte consistente da rotina.

Transtorno bipolar

Algumas pessoas com transtornos de humor, em especial a bipolaridade, sofrem muito quando a rotina é perturbada – como quando lhe pedem para trocar de turno ou pegar um voo nas primeiras horas da manhã para participar de uma conferência. Se para manter sua saúde mental você necessita de uma rotina consistente, considere perguntar à chefia quais adaptações são possíveis.

Qualquer problema de saúde mental

Você consegue encontrar exemplos de acordos fazendo buscas on-line (Para outros recursos que podem ser úteis, veja a Introdução deste livro.) Qualquer pessoa com um problema de saúde mental de qualquer tipo deve se familiarizar com essas opções.

Se você mora nos Estados Unidos e precisa lidar com um problema de saúde mental de forma regular, analise as opções disponibilizadas pelo *Americans with Disabilities Act* assim que possível – e bem antes de entrar em crise. Não cometa o erro de achar que sua situação não demanda acordos, se ela objetivamente demanda. E lembre-se de que países diferentes utilizam termos distintos para legislações similares. Por exemplo, os Estados Unidos falam de "acordos", enquanto o Reino Unido usa o termo "ajuste".

Caso se sinta confortável, converse com seu chefe sobre seu problema e sobre as razões pelas quais determinado acordo lhe seria útil. Um terapeuta pode ajudar a comunicar apenas as informações relevantes, sem a exposição excessiva de detalhes pessoais. Ele pode escrever para o seu chefe a fim de registrar que você se sente confortável com o que está sendo contado.

De maneira geral, ao enfrentar um distúrbio de saúde mental, evite situações em que seja constantemente desafiado, porém sem se privar por completo de obstáculos e gatilhos. Por exemplo, se você sofre de ansiedade social, insira atividades que acionam a ansiedade em meio a outras com as quais se sente confortável. (No meu caso, isso significa passar a maior parte do tempo trabalhando com pessoas que conheço bem e atuando junto a novos colaboradores de vez em quando.)

Estratégias que qualquer pessoa pode utilizar

Os passos a seguir podem ajudar qualquer pessoa a manter sua saúde mental no trabalho, quer elas lidem com uma condição crônica, ocasional ou que esteja entre esses extremos. Essas estratégias também funcionam para aqueles com problemas subclínicos (como certo grau de ansiedade que não seja suficiente para embasar um diagnóstico de transtorno de ansiedade) ou que buscam aumentar a resiliência diante de dificuldades ligadas à saúde mental ou recaídas. Se você tem uma doença mental ativa, incluindo depressão ou ansiedade acentuadas, saiba que o autocuidado e o gerenciamento do tempo não são substitutos para tratamentos propriamente ditos, bem embasados. As estratégias mencionadas aqui são ações de apoio, não tratamentos.

Estabeleça hábitos sólidos em torno do trabalho focado

Desenvolver hábitos sólidos na metodologia de trabalho – inclusive no trato com o trabalho mais pesado, que demanda muita concentração – aumenta a sensação de controle sobre a vida e a rotina.

Por quê? Rotinas consistentes adicionam estrutura aos nossos dias, impulsionando a sensação de controle. O cérebro se acostuma com as sequências de comportamento e passa a iniciá-las de forma quase automática. Um exemplo comum de como os comportamentos se tornam automáticos: poucos meses após começar a dirigir, nós ligamos o carro, colocamos o cinto de segurança, liberamos o freio de mão e conferimos o espelho retrovisor sem nem pensar no que estamos fazendo. A mesma coisa acontece com os hábitos de produtividade, caso você seja consistente em relação a quando e onde faz o seu trabalho. Se você desempenha uma atividade que exige mais concentração sempre no mesmo período do dia, digamos que entre dez da manhã e meio-dia, manter esse hábito se tornará mais fácil e mais automático com o tempo, mesmo nos dias em que você não estiver se sentindo muito bem.

No entanto, isso só vai acontecer se forem mantidos hábitos consistentes e bem estabelecidos. Se de vez em quando você cumpre as tarefas mais exigentes às dez da manhã, mas em outros dias tenta cumpri-las à uma da tarde, não vai experimentar todos os benefícios de redução da necessidade de disciplina gerados pelo hábito.

Todos podem se beneficiar dessa estratégia, em especial aquelas com problemas ocasionais de saúde mental, como depressão, ou aquelas que enfrentam períodos nos quais a concentração fica prejudicada em decorrência de ansiedade, pensamentos repetitivos ou preocupação. Com hábitos sólidos para os momentos de trabalho concentrado, aumenta-se a probabilidade de se cumprirem as tarefas. Manter hábitos importantes durante tempos estressantes pode proteger contra o risco de crise e ainda contribuir para a sensação de estabilidade, evitar a erosão da autoconfiança e assegurar que não surja uma carga adicional de estresse por causa do acúmulo de pilhas de trabalho pendente.

Crie rotinas para a realização de tarefas sem prazos iminentes

Cuidar das tarefas com prazos iminentes pode parecer intuitivo e óbvio, mas, se tudo o que você faz é o que está bem à sua frente, é comum sentir certa falta de controle. Ao cuidar de pequenas tarefas importantes sem prazo definido, mas que precisam ser realizadas, tem-se a sensação de um bom gerenciamento de vida.

Reserve com regularidade um momento para essas pequenas tarefas administrativas. Esse tipo de tarefa provoca muito desgaste mental – seja respondendo a um colega sobre um trabalho colaborativo programado para dali a algumas semanas, seja finalmente conseguindo agendar aquela consulta com a médica ou o terapeuta. Você pensa *Preciso fazer isso*, mas não faz. E esses pensamentos se repetem. Não faz bem migrar pendências de um dia para o outro.

Ao escrever o livro *Stress-Free Productivity* (Produtividade sem estresse), percebi que consigo dar conta de uma hora de tarefas administrativas antes de começar o trabalho focado, sem alterar a quantidade de serviço que produzo. O motivo de eu me concentrar nas tarefas administrativas primeiro é que, se tento cumpri-las depois do trabalho focado, me sinto cansada demais.

E riscar pelo menos um item por dia da lista de tarefas da "vida administrativa" (algo não relacionado ao trabalho) evita que elas se acumulem e criem bagunça mental e estresse.

Seu trabalho e os padrões de lidar com ele podem ser diferentes dos meus. O que importa é que esses padrões e sequências de tarefas sejam observados de modo adequado. Por exemplo, digamos que, sendo realista, você só consegue ser uma pessoa produtiva quatro dias por semana. Considere aceitar esse fato, em vez de lutar contra ele. Caso perceba que tudo o que consegue fazer às sextas-feiras é enrolar, veja o que acontece se encarar a situação com honestidade. Experimente organizar a agenda de acordo com essa realidade – inclua as tarefas inevitáveis de segunda a quinta – em vez de criticar a si mesmo pelas limitações de foco e disciplina. Às vezes, aceitar nossas limitações pode ter um efeito paradoxal: a autocrítica consome muita energia; portanto, quando a deixamos de lado, dispomos de mais energia para coisas mais produtivas.

Use a distração para cumprir tarefas

Boa parte dos motivos que fazem o trabalho parecer tão desanimador é a falsa ideia de que devemos nos manter concentrados e sem distrações o dia inteiro. Isso não é possível, nem sequer necessário ou desejável, em especial se você estiver tentando fazer algo inovador.

É mais realista e saudável ter uma mente que oscila entre a concentração e a distração, pois é no período de recuperação distraída do cérebro que estabelecemos conexões criativas, sem nem tentar. É provável, por exemplo, que você já tenha tido uma ideia brilhante para um projeto enquanto tomava banho ou fazia uma caminhada, certo? Quando estamos desconcentrados, caminhos que pareciam obscuros enquanto estávamos focados podem de repente se tornar claros. Problemas cujas soluções não conseguíamos enxergar de repente se tornam mais simples.

Portanto, em vez de tentar forçar o cérebro a cumprir uma tarefa atrás da outra, deixe que ele relaxe um pouco e divague depois de um período produtivo. No meu caso em particular, faço isso por meio de uma combinação de caminhadas, pequenas incumbências, tarefas caseiras e entretenimento (como ler uma postagem em um blog no meio do dia de trabalho).

Preciso deixar a mente divagar, em especial depois de sessões de trabalho focado ou quando me sinto sobrecarregada, sem saber o que priorizar. Se faço uma caminhada quando deparo com um bloqueio mental, o intelecto distraído costuma cuidar da priorização e da organização por mim. Caso você empaque diante de uma tarefa e não saiba ao certo o que fazer em seguida, não se estresse: deixe sua mente divagar um pouco. Assim, você será capaz de ponderar bem as ideias, sem se limitar a ficar encarando uma página em branco.

Períodos de distração também podem ser muito úteis entre pessoas que enfrentam problemas de saúde mental no trabalho. Por exemplo, alguém com ansiedade social precisa de espaço para respirar e se recuperar das avaliações ou de se ajustar ao estilo de trabalho de colaboradores novos. Do mesmo modo, alguém com depressão precisa de oportunidades para pequenas escapadas prazerosas, como um café tranquilo em um cantinho ensolarado, para melhorar o ânimo.

Reservar um tempinho para se distrair deveria ser um hábito regular. Talvez você possa cumprir o trabalho focado durante as manhãs e, então, encarar as tardes como oportunidades para momentos fortuitos e divagações. Qualquer que seja seu método, encontre maneiras de deixar o cérebro descansar um pouco todos os dias. E lembre-se: quanto mais original e inovador é o trabalho, mais a pessoa precisa de distração mental para se recuperar do esforço. Tarefas muito desafiadoras envolvem muitos efeitos colaterais mentais e emocionais, incluindo decepção, incertezas e frustração. Quem espera operar a todo vapor o tempo todo deve se afastar dos tipos de tarefas originais e desafiadoras que demandam períodos de recuperação distraída.

O que a gerência precisa saber

Se você é gerente, certifique-se de entender que o conselho anterior é capaz de ajudar sua equipe tanto a se sentir melhor quanto a realizar melhor o trabalho. Além disso, familiarize-se com os tipos de acordos úteis às pessoas com problemas mentais específicos. Você pode fazer isso por meio de uma simples pesquisa on-line, uma conversa com o setor de RH ou solicitando que um profissional de psicologia faça um treinamento no seu local de trabalho. Nesse último caso, explique de antemão ao profissional como é a rotina de trabalho, de modo que possam ser criadas opções de flexibilização que não sejam excessivamente disruptivas.

Conheça as dificuldades dos integrantes da equipe e o que pode ser feito para ajudá-los. Além disso, é claro, nunca os julgue por causa de questões relacionadas à saúde mental. Um problema específico não diz nada a respeito do talento, da dedicação ou da qualidade do trabalho de cada um deles. Uma vez que as pessoas podem hesitar em solicitar acordos, lembre-as com regularidade de que você está aberto às solicitações e que está disposto a ter conversas francas sobre saúde e problemas mentais. Adote o máximo de criatividade possível ao fazer os acordos. Sua tarefa é realçar o melhor lado dos membros da equipe, e você fará isso fortalecendo a saúde mental de cada um deles da maneira necessária.

A organização da rotina a fim de fortalecer a saúde mental e a organização com o objetivo de fazer o melhor trabalho possível não precisam entrar em conflito. Ao seguir as dicas deste capítulo, as melhoras tanto no bem-estar mental quanto na produtividade devem se tornar visíveis.

Alice Boyes é ex-psicóloga clínica e escritora. O processo de escrita de seu primeiro livro, *The Anxiety Toolkit* (Kit de ferramentas para ansiedade), best-seller do *Wall Street Journal*, a ajudou a desenvolver uma visão positiva da própria personalidade ansiosa. Seu livro mais recente é o *Stress-Free Productivity* (Produtividade sem estresse). Alice escreve artigos para os portais *Psychology Today* e hbr.org.

Capítulo 4
Como gerenciar a ansiedade

Charlotte Lieberman

Quando eu tinha 9 anos, fui diagnosticada com transtorno de ansiedade pelo meu primeiro terapeuta. Meus pais me arrastaram para um tratamento depois de observarem que eu limpava o banheiro deles sem parar. Não me importei, mas fiquei confusa. Eu não via nada de errado naquela atitude: organizar o armário de remédios por cor e tamanho, jogar fora os antibióticos vencidos e os vidros grudentos de xarope para tosse. Minha parte favorita era lavar a pia com água morna e sentir minhas preocupações descerem pelo ralo com os restos de cabelo e sabão. Limpar me dava a sensação de encontrar dentro de mim a ordem em meio ao caos exterior – nosso apartamento apertado em Nova York, os murmúrios do casamento ruim dos meus pais, as dores cada vez maiores da adolescência.

Duas décadas depois, ainda conto com a faxina como um mecanismo para lidar com a ansiedade. Na terapia, sou encorajada a fazer o oposto e "conviver com o problema" e, às vezes, consi-

---

Adaptado de "How to Manage Your Anxiety," publicado em hbr.org, 18 de setembro de 2020.

go tolerar a situação. Há manhãs em que acordo, tomo banho e toco o dia com relativa facilidade. Mas há também as manhãs nas quais me sinto aprisionada em um labirinto de pensamentos negativos. Caminhar ajuda. Apoiar uma compressa quente na barriga também. No momento, estou convivendo com minha ansiedade, tomando meu café da manhã e lembrando a mim mesma de ser grata pelo sistema de apoio e pelas ferramentas que me ajudam a gerenciar o problema.

Tudo é prática.

Com base na minha experiência pessoal e em pesquisas, aprendi que não existe um método universal para determinar quando a ansiedade se torna disfuncional e quando se deve buscar ajuda. O fato é que ela existe em níveis e formas diferentes para cada pessoa, dependendo da química do cérebro, da composição genética, do histórico, do ambiente, dos relacionamentos sociais e assim por diante.

De maneira geral, a ansiedade se torna problemática quando traz a sensação de descontrole – o que também se manifesta de forma diferente em cada um. Talvez a intensidade atrapalhe o funcionamento da rotina. Talvez a sensação seja tão difusa e inespecífica que o indivíduo se sinta perdido quanto ao modo de lidar com ela, e a estranheza só o afunde cada vez mais em uma areia movediça de pensamentos ansiosos. É possível deparar com um pensamento fixo em alguma coisa que a pessoa sabe não ser motivo de preocupação, mas que não consegue evitar. Esses são apenas alguns dos sinais de que pode ser uma boa ideia procurar ajuda profissional. Para mim, foi.

Seja por conta própria ou com a ajuda de terapia (recomendo as duas formas), o segredo para gerenciar a ansiedade é aprender a identificá-la, entendê-la e reagir a ela com autoempatia. A seguir, compartilho algumas práticas baseadas em pesquisas que, espero, podem ajudar você a lidar de forma mais habilidosa com a ansiedade, a despeito da visão que você possa ter dela.

Familiarize-se com a ansiedade

Da indústria do bem-estar à da tecnologia e outras mais, o capitalismo tem influenciado a forma como pensamos até nos problemas mais graves. Fome, sede, cansaço, tédio: existem aplicativos para tudo. Entretanto, definir a ansiedade como um problema que demanda uma solução rápida pode disparar um círculo vicioso de luta ou fuga. Quando encaramos as emoções dolorosas como uma ameaça da qual devemos escapar ou contra a qual devemos lutar, nós nos tornamos o inimigo. Assim, em vez de trabalhar contra nós mesmos e tentar resistir aos sentimentos negativos ou fugir deles, que tal aprender a abordá-los com gentileza?

Pesquisas revelam que técnicas de atenção plena, como exercícios de respiração, podem reduzir a ansiedade e melhorar a cognição.[7] Elas nos ajudam a acessar a região do cérebro responsável pela percepção, pela concentração e pela tomada de decisões (o córtex pré-frontal) e nos levam a um estado de mais tranquilidade e maior concentração. Nós nos tornamos capazes de pensar com mais clareza e de tomar decisões mais bem pensadas, em vez de confiar na parte do cérebro que considera a ansiedade uma ameaça (a amígdala).

Na próxima vez em que você sentir que está perdendo o controle – seja por causa do trabalho, do parceiro ou por motivo nenhum –, faça uma pausa e imagine a ansiedade batendo na porta da frente. Responda: "Um minuto!" Então, permita-se um momento de intervalo e tente o seguinte ciclo respiratório: inspire por quatro segundos, prenda a respiração por quatro segundos, expire por quatro segundos, prenda a respiração por quatro segundos. Essa técnica é conhecida como respiração quadrada e é uma forma rápida e eficaz de acalmar o sistema nervoso porque faz a mente acreditar que o corpo está relaxado.

Depois de se acalmar, imagine-se abrindo a porta da frente

e dizendo: "Ah, ansiedade. Obrigado pela visita, mas agora não estou com tempo livre."

O objetivo é criar aos poucos um distanciamento entre você, seus pensamentos e suas emoções. Identificar em que parte do corpo residem as sensações desconfortáveis também pode ser útil. Elas se manifestam na forma de um aperto no peito ou de uma agitação no estômago? Apenas observe. Ao se distanciar um pouco do desconforto, talvez você seja capaz de lidar com ele com mais clareza. Ganha-se o alívio da perspectiva: *Isso é uma sensação desconfortável. Isso não sou eu.*

Escolha uma âncora

As rotinas ajudam a reduzir sensações generalizadas de ansiedade e costumam ser antídotos eficientes para aqueles indivíduos com distúrbios mais graves de saúde mental. Fazer as mesmas coisas a intervalos regulares sinaliza para o cérebro que estamos em segurança. Chame de rotina, ritual, âncora – o que funcionar para você.

Para mim, escrever três páginas em meu diário todas as manhãs é algo inegociável. Isso quer dizer que eu escrevo mesmo sem vontade. Saber que posso cumprir essa tarefa – não importa o que aconteça – me fornece um poço de autoconfiança com o qual posso contar e no qual posso mergulhar sempre que a ansiedade me pressionar. Além disso, anotar meus pensamentos é um exercício por si só catártico e estabilizante. E isso não funciona apenas comigo: a manutenção de um diário costuma ser usada como ferramenta terapêutica por pessoas com ansiedade e outros problemas de saúde mental.

Qualquer que seja a rotina escolhida, faça dela um compromisso formal. Fale dela com um colega, um amigo ou amiga, um parceiro ou parceira, caso isso ajude a mantê-la, e peça a essa pessoa que lhe pergunte uma vez por semana como anda o compromisso.

Talvez você possa escrever um lembrete em um post-it e fixá-lo no computador. Mas não encare isso como uma tarefa enfadonha.

Ao adotar essa prática, talvez você experimente uma maior sensação de segurança e conforto. E, se falhar em cumprir esse compromisso, tente se perdoar e seguir em frente.

Transforme a autodisciplina em uma forma de gentileza

Muitas vezes, somos condicionados a acreditar que nossa "melhor forma" é o resultado da manutenção de uma longa lista de práticas de autocuidado. Entretanto, para quem sofre de ansiedade, o autocuidado pode, na verdade, ser uma enorme fonte de estresse. Minha ansiedade se presta ao perfeccionismo, o que significa que eu instintivamente sinto calafrios diante da ideia de adotar um novo hábito.

Durante muito tempo, resisti aos benefícios do exercício físico, evitei ter uma vida social e abandonei meus hobbies pelo simples fato de que eu me sentia dominada não apenas pela ideia de ter mais uma coisa para fazer, mas também pela ideia de ter que fazê-la com perfeição. Depois do trabalho, eu voltava para casa, pedia comida e navegava no Instagram até meus olhos se fecharem de cansaço. Isso, eu ponderava, era autocuidado. O problema é que eu me sentia péssima.

Com o passar do tempo e com a ajuda da terapia, acabei aprendendo a adotar uma atitude diferente. Sim, autocuidado requer certo grau de disciplina. Porém, a disciplina pode ser gentil.

Yoga e meditação são duas maneiras de praticar aquilo que chamo de "disciplina de apoio". Concentrar-se na respiração – e se livrar das distrações sem muito esforço, à medida que elas surgem – requer tanto gentileza quanto disciplina. No Budismo, esse princípio fundamental costuma ser livremente traduzido como "esforço correto". Como uma instrutora de meditação me explicou certa vez, você pode pensar na respiração como um objeto frágil: se apertá-la com muita força, ela se quebra. Mas se afrouxar demais a mão, ela despenca. A prática de descobrir e manter o cuidadoso equilíbrio, para mim, é uma ótima imagem da disciplina de apoio.

É claro que a meditação não agrada a todos – e tudo bem. Há uma infinidade de formas de praticar a gentileza consigo mesmo e de se conectar com o momento presente. Você pode experimentar novos hobbies, como fazer cerveja artesanal, fazer crochê, praticar patinação, explorar a apicultura. Fazer exercícios, desenhar e ouvir música são modos comprovadamente eficazes de reduzir a ansiedade e regular as emoções. Descubra o que funciona com você. Depois, mãos à obra. Ponto final.

Visualize mudanças positivas

Em meio à ansiedade, encontrar motivação para fazer *qualquer coisa* pode ser um desafio. Tente se conectar à sensação positiva que resultará daquela decisão que parece tão difícil, seja sair para uma corridinha ou se levantar da cama pela manhã. A simples ideia de conseguir está vinculada à sensação de motivação e de ter os objetivos atingidos.[8]

Ao projetar o quanto aquilo vai lhe fazer bem, o que quer que "aquilo" seja, você se encoraja do mesmo modo que encorajaria um amigo. Há muitas pesquisas recentes sobre os benefícios à saúde mental causados pelo "autodistanciamento", algo que os pesquisadores comparam à "experiência de buscar o aconselhamento de um amigo para um problema difícil".[9] Em vez de ficarmos "imersos" na sensação dolorosa e tantas vezes paralisante da ansiedade, podemos nos visualizar por um momento oferecendo orientação a um bom amigo. *Alongue-se. Faça uma salada de frutas. Assista a uma comédia romântica.*

A ansiedade é teimosa, então é provável que você tente se esgueirar para longe do bom conselho que seu eu "distanciado" está lhe dando. Ainda assim, tente se envolver nesse papel imaginário. Os pesquisadores explicam que "ainda que seja muitas vezes desafiador para alguém vivendo um dilema pessoal conseguir raciocinar de modo objetivo sobre suas próprias circunstâncias, os amigos costumam ser capazes de oferecer aconselhamentos sábios por não estarem envolvidos na experiência".[10]

Imagine só como seria *não* fazer parte da ansiedade? Use a criatividade.

Por mais simples que essas dicas possam parecer, nem sempre é fácil segui-las. Com certeza não é fácil para mim. Se há uma coisa que a ansiedade consegue, é fazer o simples parecer complicado e insuperável.

O mais importante disso tudo? É possível que a pessoa opte por ser mais gentil, mais paciente e mais solidária consigo mesma. Os sentimentos desconfortáveis vão persistir e diminuir – depois, voltar a persistir. A coisa mais produtiva que qualquer um de nós pode fazer é comparecer diante de nós mesmos e dos outros com mente e coração abertos. Talvez isso não seja a prioridade na sua lista de afazeres, mas estar na lista já é o suficiente.

Charlotte Lieberman é escritora multidisciplinar e consultora de marketing de marcas ligadas ao bem-estar e aos cuidados com a saúde. Também atua como hipnoterapeuta e instrutora certificada e, a partir de pesquisas e da própria experiência com a ansiedade, desenvolveu uma prática baseada na compaixão. O trabalho de Charlotte já foi mencionado nos programas *This Morning*, na CBS, *The TODAY Show,* na rede NBC, e na rádio nacional *NPR*. Charlotte costuma dar palestras sobre saúde mental e atenção plena em empresas.

Capítulo 5
Como trabalhar com depressão

Alice Boyes

Ao longo dos últimos dois anos, transitei por muitas, muitas rodadas de tratamentos de fertilidade ineficientes na tentativa de engravidar pela segunda vez. Dizer que o estresse e a tristeza decorrentes disso afetaram meu humor e meus níveis de ansiedade seria um eufemismo. Foi difícil não mergulhar em uma depressão profunda, e houve momentos muito desafiadores.

Apesar de tudo, consegui me manter razoavelmente funcional e produtiva. Como? Usando as dicas que aprendi ao longo da minha formação em psicologia.

Se você está com depressão, sua tarefa número um é cuidar de si. A produtividade é secundária em relação à saúde mental. No entanto, aprender a se manter uma pessoa produtiva durante a depressão pode ajudar na recuperação. Se sua primeira reação a esse tema é a sensação de pressão extra, continue a leitura en-

---

Adaptado de "How to Get Something Done When You're Feeling Down", em hbr.org, 20 de outubro de 2021.

quanto explico como e por que se manter um indivíduo produtivo pode ajudar a enfrentar a situação.

Todas as emoções têm um propósito evolutivo, pois fazem parte de um sistema de sinalização. Indicam se a pessoa está em segurança ou em perigo, ou se está seguindo na direção correta. Tristeza, depressão e apatia, por exemplo, nos fazem parar, recuar e refletir, atitudes com aspectos de autoproteção. Às vezes, é bom se afastar do perigo e se recolher. Às vezes, é bom se questionar sobre o que faz sentido para si mesmo, em vez de seguir em frente fazendo as mesmas coisas. No entanto, com a depressão, esse modo recuado e apático basicamente "gruda" em você e deixa de ser útil. Em vez de os sentimentos sinalizarem a necessidade de repensar o que estamos fazendo, tornam tudo sem sentido. Quando essas emoções se prolongam, perdem a eficiência enquanto sinais. Quanto mais desanimada a pessoa se sente, menos produz, pior se sente, e o ciclo continua. Manter-se produtivo pode ajudar a interromper a espiral negativa e virar o jogo. Veja a seguir por onde começar.

Programe o acesso a fontes diárias de realização e prazer

Para a saúde do humor, precisamos de dois tipos de atividades: aquelas que fornecem a sensação de realização e aquelas que nos dão prazer. Uma terapia para a depressão amplamente estudada, chamada ativação behaviorista, baseia-se nesse princípio.

Como regra geral, tente ter acesso a uma fonte de realização e a uma de prazer a cada manhã, tarde e noite. (O que totaliza seis por dia – três para o prazer e três para uma sensação de realização.) Essas fontes podem ser coisas bem simples. Por exemplo, o prazer pode resultar de se sentar diante de uma janela ensolarada para tomar seu café da manhã. A sensação de realização pode vir de um exercício físico, de passar o aspirador embaixo da cama ou de cumprir uma tarefa do trabalho. Há quem ache útil agendar atividades antecipadamente, de modo que seja mais fácil usufruir de todas as seis fontes.

Para quem está com depressão, o prazer advindo das atividades parece atenuado em comparação a uma reação normal. Portanto, pode ser um pouco mais difícil identificar as atividades consideradas prazerosas. Esse é outro motivo para planejar com antecedência. Comece fazendo uma lista de atividades que lhe parecem prazerosas ou que lhe tragam a sensação de realização. Caso não consiga fazer a lista, peça ajuda a alguém próximo a você.

Essa dica beneficia a produtividade de forma direta e indireta. Atividades que trazem alguma sensação de realização são produtivas, e a estrutura dessa abordagem vai beneficiar os ritmos biológicos e o humor.

Reduza a carga de trabalho usual

Para alguém que enfrenta transtornos de humor ou altos níveis de estresse, tentar atingir 100% do rendimento costumeiro pode ser uma má ideia. Por outro lado, não fazer nada tampouco costuma ajudar. Por quê?

O trabalho rotineiro ajuda a estruturar o dia. A estrutura de atividades recorrentes ajuda a regular os ritmos biológicos, como aqueles vinculados à alimentação e ao sono. Sem a estrutura das atividades diárias, incluindo-se o trabalho e a vida social, esses ritmos biológicos se tornam mais desajustados, o que tende a piorar a depressão.

Cinquenta por cento do nível usual de atividade é um ótimo patamar entre a ausência total de trabalho e uma expectativa alta demais. Talvez a pessoa descubra até que a produtividade não diminui tanto assim com essa abordagem, uma vez que ela força a priorização do trabalho focado e de outras tarefas verdadeiramente relevantes. Limitar-se a 50% do trabalho normal ajuda a pessoa a deixar de lado atividades que, na verdade, eram apenas "semiprodutivas". É claro que 50% não é uma regra fechada e definitiva. É possível escolher uma proporção diferente, caso preferível, desde que se adote o princípio.

Alterne tarefas fáceis, medianas e difíceis

Outro elemento para a higiene do humor é não se dedicar a todas as tarefas fáceis ou a todas as difíceis por longos períodos. Você não precisa acreditar em mim. É fácil observar por conta própria o modo como se sente caso seja desafiado o tempo todo, até o limite da capacidade, em contrapartida à intercalação de atividades difíceis e outras mais familiares com as quais você, apesar da zona de conforto, ainda se sente uma pessoa relevante e produtiva (por exemplo, cortar a grama ou escrever uma newsletter mensal).

Quando estiver agendando as três atividades diárias a fim de atingir a sensação de realização, escolha uma difícil, uma fácil e uma mediana.

Cultive o hábito de trabalho focado com o intuito de reduzir a necessidade de autocontrole

A pessoa com depressão espera contar com o mínimo necessário de autocontrole, uma vez que tudo nos parece mais difícil quando o astral está lá embaixo. A melhor maneira de reduzir a necessidade de autocontrole para se atingir um trabalho altamente produtivo é cultivar hábitos sólidos. Por hábitos sólidos, refiro-me à rotina diária de executar trabalhos focados no mesmo horário, todos os dias, durante algumas horas. Um hábito alimentado todos os dias da semana no mesmo horário será mais fácil de ser mantido do que um que se executa em horários distintos. Essa metodologia também ajuda a reduzir a fadiga da tomada de decisão. (No capítulo 3, há mais informações sobre hábitos sólidos.) Depois de algum tempo, você será capaz de iniciar o trabalho focado no modo automático, sem que lhe pareça uma carga enorme. Por exemplo, eu inicio minhas sessões de trabalho focado preparando uma bebida eletrolítica e programando o alarme para dali a 60, 90 e 120 minutos. (E não uso o celular como alarme, para evitar distrações enquanto estou escrevendo.) No início, eu tropeçava nessa rotina. Ainda assim, depois que ela se tornou um hábito, consegui mantê-la. Meu motivo primordial para usar o alarme era treinar minha concentração em blocos de duas horas e me ajudar a entender melhor quais são as flutuações de foco durante o tempo que passo trabalhando. O alarme também me ajuda a estabelecer o ritmo e a evitar tanto o excesso de trabalho desnecessário quanto os altos e baixos na produção. Além disso, acho mais difícil me concentrar na segunda hora e preciso proteger melhor a concentração nesse período. O alarme me lembra de cuidar disso.

Uma vez firmemente estabelecido, o hábito se torna muito mais fácil de ser mantido, não importa como esteja o seu ânimo.

Considere a possiblidade de tratar seu transtorno mental

Embora possa parecer óbvio, uma forma de manter maior produtividade quando se está com depressão é não estar mais com depressão ou diminuir sua intensidade. É quase uma verdade universal o fato de que as pessoas esperam demais antes de buscar tratamento para os transtornos mentais. Quando eu trabalhava como terapeuta, perguntava aos clientes quando o problema havia começado. Era frequente ouvir respostas como "há alguns anos", não meses ou semanas.

Há uma variedade de abordagens que você pode experimentar, incluindo a terapia cognitivo-behaviorista, a terapia da aceitação e do compromisso ou medicação. Para auxiliar o tratamento, é possível experimentar um multivitamínico de amplo espectro e um suplemento mineral que ajudem na resiliência ao estresse, em especial no caso de seus hábitos alimentares terem piorado por causa da depressão. Se você for uma pessoa com tendência à autocrítica, o desenvolvimento de habilidades de autocompaixão também pode ser muito benéfico para a depressão, o estresse e a ansiedade. É importante dominar habilidades de identificação e interrupção do pensamento ruminante, uma vez que ele atrapalha o humor, a produtividade e a capacidade de resolver problemas.

O tratamento também pode ajudar a pessoa a entender como os sentimentos depressivos afetam o modo como ela funciona. Por exemplo, sentimentos depressivos deixam as pessoas atentas a quaisquer sinais de rejeição interpessoal. Isso faz parte de um propósito aprimorado, uma vez que, em um sentido evolutivo, é perigoso ser excluído do grupo. Na verdade, nem sempre isso ajuda. No trabalho, a rejeição pode se manifestar na percepção de que outras pessoas são indiferentes, não gostam de você ou não reconhecem seus talentos e sua capacidade, ainda que não seja esse o caso. Isso pode direcionar a irritabilidade e a hostilidade equivocadamente ao chefe, aos colegas de trabalho ou aos clientes.

Quem está com depressão ou enfrentando emoções como tristeza ou ansiedade nem sempre consegue ser tão produtivo quanto gostaria. Seja paciente, mas não deixe de dar uma chance aos conselhos recomendados. A depressão costuma gerar expectativas negativas, o que pode incluir a ideia de que os conselhos não servem para você. Ter consciência disso pode fazer com que você evite essa armadilha e experimente as estratégias fornecidas.

Alice Boyes é ex-psicóloga clínica e escritora. O processo de escrita de seu primeiro livro, *The Anxiety Toolkit* (Kit de ferramentas para ansiedade), best-seller do *Wall Street Journal*, a ajudou a desenvolver uma visão positiva da própria personalidade ansiosa. Seu livro mais recente é o *Stress-Free Productivity* (Produtividade sem estresse). Alice escreve artigos para os portais *Psychology Today* e hbr.org.

Capítulo 6
Como lidar com um ataque de pânico

Ruth C. White

A pessoa está no trabalho quando, de repente, experimenta uma profunda sensação de pavor. Com o coração aos pulos, mãos trêmulas, atordoada e banhada de suor, não consegue respirar. Pensa que está tendo um infarto e acha que vai morrer. Quando está prestes a chamar a ambulância, os sintomas começam a diminuir. Essa pessoa acaba de ter um ataque de pânico.

O que é um ataque de pânico?

A Associação Americana de Psicologia (APA) descreve o ataque de pânico como "um surto repentino de medo avassalador que chega sem aviso e sem qualquer razão aparente". Os sintomas emocionais e físicos experimentados (como respiração curta e aperto no peito) são muito reais e podem ser bastante assusta-

---

Adaptado de "Managing a Panic Attack at Work", publicado em hbr.org, 21 de março de 2022.

dores. Os ataques de pânico não matam, mas, dependendo da severidade e da frequência, podem ter um impacto significativo na qualidade de vida. Normalmente causados por situações estressantes, os sintomas do ataque de pânico costumam recuar quando o estresse sai de cena. Gatilhos comuns no trabalho incluem falar em público, conflitos, uma reunião importante, grandes transições, como uma promoção ou um projeto relevante, ou ainda um evento social, como uma reunião com um cliente-chave e saídas sociais depois do expediente.

De acordo com a APA, os sintomas do ataque de pânico incluem:

- Taquicardia

- Falta de ar

- Medo quase paralisante

- Tontura, atordoamento ou náusea

- Tremores e sudorese

- Asfixia ou dores no peito

- Ondas de calor ou calafrios repentinos

- Formigamento nos dedos dos pés e das mãos

- Medo de morrer

Os ataques de pânico são eventos marcantes. Muitas pessoas os experimentam apenas uma ou duas vezes na vida. Caso a pessoa já tenha passado por um número maior de episódios, a APA sugere que procure um profissional de saúde mental para diagnóstico e tratamento, uma vez que é possível a identificação de transtorno do pânico (TP). O TP é um quadro no qual as pessoas apresentam medos frequentes ou debilitantes, além de ansiedade, sem causa razoável, e pode ser acompanhado pelo medo de um novo ataque, pela preocupação com o impacto dos ataques e por uma mudança de comportamento como reação a eles. O medo persistente de futuros ataques de pânico é um sintoma-chave e pode levar a pessoa a evitar a situação que desencadeou o ataque – o que pode ser um grande problema no trabalho. De acordo com a OMS, transtornos do pânico afetam cerca de 4% da população mundial. O quadro costuma ter início na adolescência ou nos primeiros anos da vida adulta, e, ainda que as causas não sejam claras, grandes transições e eventos sociais e econômicos estressantes, como uma pandemia ou uma quebra na bolsa de valores, podem desencadeá-lo. Há, também, uma conexão familiar: se outros membros da família já tiveram o problema, é possível que a pessoa tenha uma probabilidade maior de sofrer ataques.

Caso você se veja tendo ataques de pânico ocasionais ou frequentes, saiba que *é possível* tratá-los – e quanto mais precoce for o tratamento, melhor. Mesmo que o ataque seja apenas o primeiro ou o segundo em sua vida, é importante buscar ajuda médica, porque os sintomas são similares aos de outros problemas sérios de saúde, como um infarto.

Como lidar com um ataque de pânico no trabalho

Nós sabemos que o trabalho pode ser estressante, então não surpreende o fato de que muita gente enfrenta ataques de pânico no trabalho. Isso pode gerar ainda mais estresse, uma vez que a pessoa não está em casa, onde poderia se deitar no sofá ou se encolher na cama.

Ao sentir que um ataque de pânico se aproxima, procure um lugar silencioso e reservado onde você possa se sentar até que os sintomas passem. Caso esteja em uma reunião ou outra situação estressante, tente se retirar tranquilamente sob o pretexto de buscar um copo d'água ou ir ao banheiro. Se você se preocupa com a possiblidade de sua ausência gerar alarde, envie uma mensagem a algum colega informando que não está se sentindo muito bem e que voltará assim que estiver melhor. Ao chegar a um lugar sossegado, use as estratégias a seguir com o intuito de gerenciar os sintomas.

1. **Respire profunda e lentamente.** A fim de tentar controlar a respiração, feche os olhos (isso reduz a exposição a estímulos) e se concentre em uma respiração lenta e profunda pela boca. Inspire enquanto conta até quatro, prenda a respiração por um segundo e depois expire, também contando até quatro. Isso desacelera a frequência cardíaca e pode neutralizar a sensação de tontura. Além disso, proporciona também uma sensação de controle e, assim, reduz o medo. Caso não consiga controlar a respiração, sente-se e ponha a cabeça entre as pernas, ou respire dentro de um saco de papel, se tiver acesso a um.

2. **Busque a atenção plena.** Você está em um estado muito emotivo; lembre-se de fazer inspirações longas e lentas. O foco na respiração distrai a pessoa dos padrões de pensamento. Diga a si mesmo: "Não estou morrendo. Isso vai passar." Mantenha a atenção no momento presente. Preste atenção nas sensações físicas e nomeie três coisas em

seu campo de visão, três coisas que você consegue ouvir e três que consegue sentir. Caso seja praticante de yoga, uma postura centralizadora (como o *Sukhasana* ou a postura fácil) também pode gerar um estado de atenção plena.

3. **Visualize um lugar tranquilo e feliz.** Pense em um lugar que lhe traz relaxamento: uma praia favorita, uma trilha, um lago. Imagine-se nesse lugar e visualize o maior número possível de detalhes. Assim como no exercício de atenção plena, mantenha o foco naquilo que consegue ver, ouvir e sentir. Há raios de sol atravessando as árvores ou fazendo reflexos no lago? Existe um aroma de folhas ou flores? Como é a sensação da areia nos seus dedos dos pés?

4. **Repita um mantra.** Se você já tiver um mantra ou palavras favoritas de afirmação, recite-os. Se não tiver, feche os olhos e repita uma das seguintes frases: "Isso vai passar", "Vai ficar tudo bem" ou "Eu vou superar isso".

5. **Faça uma pausa.** Caso seja possível, informe à chefia que você não está se sentindo bem e que precisa tomar ar. Espere 15 minutos antes de voltar ao escritório ou à mesa de trabalho. Não verifique o celular. Tome uma xícara de chá de ervas. Faça uma caminhada ou se sente ao ar livre. Caso não seja possível se retirar ou você não disponha de 15 minutos, ao menos tente se sentar e se manter imóvel por cinco minutos. Talvez você queira ir para casa e relaxar e se reorganizar durante o restante do dia, se possível. Se esse não tiver sido seu primeiro ataque de pânico na vida, procure assistência médica.

Como ajudar alguém com ataque de pânico

Ainda que você não deva "diagnosticar" um ataque de pânico em outra pessoa, aprender a reconhecer os sintomas pode ajudar a prestar melhor assistência a alguém em apuros. Ao falar com a pessoa, mantenha a calma e use um tom de voz tranquilizador. Há cinco formas de ajudar:

1. **Pergunte.** Não presuma que sabe o que está acontecendo. Pergunte com calma se e como a pessoa gostaria de ser ajudada. Diga algo como: "Miguel, você está bem? Quer ir lá fora comigo para recuperar o fôlego?" Se a pessoa der a impressão de que não consegue se comunicar e você acreditar que ela possa estar tendo um infarto, chame uma ambulância imediatamente e deixe que os profissionais de medicina a examinem.

2. **Vá para um lugar silencioso e reservado.** Reduzir os estímulos do ambiente pode diminuir o estresse e ajudar a amenizar os efeitos da tontura e da náusea. Pergunte à pessoa se ela quer que você a ajude a encontrar um lugar tranquilo onde ela possa se sentar. Caso ela diga sim, faça isso. Caso diga não, pergunte se há algo que você possa fazer para ajudar. E caso ela ainda recuse ajuda, apenas deixe claro que você está ao lado dela, à disposição, caso ela mude de ideia.

3. **Ouça.** Respeite os limites. Se a pessoa conseguir expressar como você pode ajudar, siga suas indicações. Lembre-se de que as respostas dela podem ser ríspidas por causa da angústia. É possível também que ela sinta vergonha por estar passando por um ataque de pânico em público. Se ela lhe pedir que se afaste, informe que você estará por perto para

o caso de ela mudar de ideia. Diga algo como: "Eu não queria deixar você sozinha com esse sofrimento, por isso vou ficar aqui perto para ajudar caso você precise de mim." Então, permita que a pessoa tenha alguma privacidade, mas fique por perto para poder ajudar se ela chamar.

4. **Tranquilize.** Se a pessoa lhe pedir para ficar, diga que você está à disposição. Inicie um mantra como forma de desviar a atenção. Sugira que ela repita depois de você: "Eu vou melhorar." Ajude a pessoa a respirar devagar. Mostre a respiração lenta e consciente. Peça que ela feche os olhos e que respire com você, usando o método descrito anteriormente. Repita o exercício até que a respiração dela desacelere e que ela tenha recuperado o controle.

Depois que o ataque de pânico passar, deixe claro para a pessoa que essa experiência não vai alterar o que você acha dela no trabalho e que você protegerá sua privacidade, não compartilhando com os colegas o que aconteceu. (E, é claro, cumpra a promessa.) Encoraje seu colega a descansar por alguns minutos ou pelo resto do dia, se possível, para se recuperar.

Como falar sobre seus ataques de pânico

Você não precisa contar ao chefe ou ao RH que sofre ataques de pânico. Entretanto, caso decida dividir o problema, lembre-se de que é possível decidir quanto vai compartilhar. A revelação de seu transtorno pode estar protegida pelo *American with Disabilities Act* ou por um dispositivo equivalente caso você não esteja nos Estados Unidos, o que significa que não pode ser usada como pretexto para demissão. Significa, também, que talvez você tenha direito a acordos, como folgas mais frequentes. Converse com um advogado a fim de verificar o que se aplica à sua área de atuação.

Ataques de pânico são perturbadores, e as implicações ligadas à forma como os outros podem vir a enxergar a pessoa no trabalho causam ainda mais estresse. As estratégias descritas aqui são capazes de ajudar a gerenciar os sintomas e a evitar que eles dominem seu dia de trabalho. Naturalmente, se necessário, não deixe de procurar ajuda e orientação profissional.

Ruth C. White é ativista de saúde mental e costuma compartilhar sua jornada de recuperação e resiliência em meio à bipolaridade em palestras, oficinas e escritos. White já escreveu quatro livros sobre saúde mental, incluindo *Bipolar 101: A Practical Guide to Identifying Triggers* (Bipolar para iniciantes: Guia prático para identificar gatilhos), *Managing Medications, Coping with Symptoms, and More* (Gerenciando medicamentos, lidando com sintomas e mais) e *The Stress Management Workbook: De-Stress in 10 Minutes or Less* (Manual para o gerenciamento do estresse: Desestresse em 10 minutos ou menos). Ela escreve para blogs do portal *Psychology Today* e para a plataforma Thrive Global, e atua com frequência como comentarista e educadora de saúde mental na rede KRON4 TV, Bay Area, na Califórnia. Durante sete anos, foi professora associada na Universidade do Sul da Califórnia, além de ter sido professora titular na Universidade de Seattle.

Seção 3

Leve o seu eu inteiro para trabalhar

Capítulo 7
Quando você é "o único" no trabalho

**Morra Aarons-Mele entrevista
Angela Neal-Barnett e Nilofer Merchant**

Ser "a única pessoa" ou "o primeiro" de um grupo no trabalho – parte de uma minoria por conta de raça, origem, gênero, orientação sexual ou qualquer outra identidade – pode trazer sérios impactos à saúde mental. Com o intuito de descobrir como alguém solitário pode encontrar força na própria identidade, Morra Aarons-Mele, apresentadora do podcast da HBR *The Anxious Achiever*, conversou com Angela Neal-Barnett, a primeira mulher negra a ser promovida ao cargo de professora titular no Departamento de Ciências da Psicologia na Universidade Estadual de Kent, onde conduz um programa de pesquisas sobre transtornos de ansiedade entre pessoas negras, e com Nilofer Merchant, autora de *The Power of Onlyness* (O poder do "*onlyness*") e quatro vezes vencedora do prêmio de gestão Thinkers50.

Adaptado de "The Anxiety of Being the Only", no podcast *The Anxious Achiever*, temporada 1, episódio 3, 14 de outubro de 2019.

Morra Aarons-Mele: Angela, o status de pioneira é marcante em sua biografia, mas como tem sido ser a primeira, a única, ao longo da carreira?

Angela Neal-Barnett: Não vou dourar a pílula. Tenho tido momentos maravilhosos e outros em que pensei que eu deveria receber adicional por ser negra. Então, eu tenho altos e baixos, com desafios e vitórias. Às vezes, você não se dá conta de ser a única, até que a coisa cai na sua cabeça. Houve um incidente recente em que alguém me disse: "A gente simplesmente não entendia o valor do seu trabalho." E eu pensei: "Será que outras pessoas que são as únicas em seus trabalhos também ouvem isso?"

Você escreveu que "Para entender bem a ansiedade nas mulheres negras, é preciso entender como essas mulheres são vistas neste país". Como as mulheres negras são vistas nos Estados Unidos, e como isso contribui para a ansiedade delas?

Há três imagens principais ou visões das mulheres negras. Todo mundo conhece a "mulher negra forte", a mulher que sempre segue em frente, que consegue encarar qualquer coisa. Essa imagem simplesmente não é verdadeira. Depois, há a "Jezebel", o estereótipo da mulher negra sexualizada ao extremo. Por fim, há a imagem da "mulher negra raivosa", aquele que vemos o tempo todo.

Como esses estereótipos entram em jogo quando as credenciais de uma mulher negra são comparadas às das outras pessoas no escritório?

Ou as pessoas dizem "Bom, você não é como as outras mulheres negras", o que reflete a ideia de que as pessoas acreditam que há apenas uma forma de ser negra neste país. Ou tentam encaixá-la em um daqueles estereótipos. Elas podem considerá-la uma mulher negra forte, de modo que, quando qualquer coisa acontece, elas vêm correndo lhe contar todos os problemas, porque acham que você vai conseguir resolvê-los. Porém, se você se impõe, elas dizem "ah, temos uma negra raivosa no escritório".

Quais são as chances de fracasso? Se você é uma pessoa ansiosa, pode ser uma perfeccionista ou pode considerar uma catástrofe erros que outras pessoas nem sequer percebem. Pode haver pressões do tipo "Ah, meu Deus, se eu não conseguir resolver, vou me decepcionar comigo mesma e vou decepcionar a comunidade". Como esse fator influencia a ansiedade?

Isso se chama "coletivismo". Quando conseguimos alguma coisa, o sucesso não é só nosso; é da família e da comunidade. Sempre digo às pessoas que, quando recebi meu diploma de doutorado, outras 28 pessoas o receberam comigo. No entanto, quando você é ansiosa e é a primeira e única do seu grupo em um lugar, essas três coisas se combinam para tornar o fracasso pior do que ele realmente é.

O que você diz a alguém que está tentando conseguir uma promoção importante e afirma: "Se eu não conseguir, será o fim do mundo"?

Eu digo "E daí?" e tento investigar a ansiedade dessa pessoa. Porque o que estamos tentando fazer, na verdade, é identificar o medo que está no âmago dessa história. Quando conseguimos fazer isso, torna-se possível trabalhar para superar esse medo.

Em nosso trabalho com empresas, muitas vezes descobrimos que, pelo menos no começo, muitas mulheres negras relutam em fazer terapia por causa desse tipo de ansiedade. Então, nós lançamos mão de uma coisa chamada "círculos das irmãs". Reunimos de 4 a 10 mulheres negras e fazemos alguns exercícios com o propósito de ajudá-las a reconhecer a situação e, assim, reduzir a ansiedade. Um bom exemplo é o que acabei de mencionar, o pensamento "E daí?". Muitas dessas mulheres compartilham um medo semelhante. O que elas não entendem é que não são as únicas. Então, de repente, elas descobrem que três outras pessoas sentem o mesmo que elas. Não estão sozinhas.

Há desafios específicos que as mulheres negras podem enfrentar no caso de receberem um diagnóstico de saúde mental e o lugar de trabalho descobrir, ou no caso de terem uma crise de saúde mental no trabalho?

Em um ambiente no qual não há nenhuma outra pessoa negra, as pessoas podem dizer "Tudo bem, ela está com algum problema. Vamos deixar que ela resolva". Ao passo que, quando se trata de um membro da raça majoritária no ambiente, talvez as pessoas digam "Tudo bem, vamos ver o que podemos fazer para ajudar".

Se uma mulher negra tem um ataque de pânico ou está enfrentando uma situação social em meio à ansiedade, isso pode ser interpretado de modo equivocado. Portanto, sempre que vejo uma "mulher negra raivosa", tento verificar se há ansiedade social, porque essa raiva pode ser uma defesa diante da necessidade de lidar com festas, conversas amenas, levantamento de recursos, eventos de gala e assim por diante.

A maioria das mulheres negras, em particular aquelas que ocupam posições de alto escalão ou que são as únicas negras em seu trabalho, se veem como mulheres negras fortes. Ser fraca e ser uma mulher negra é um paradoxo, e crises de saúde mental no trabalho são um sinal de fraqueza. Quando se é a única de um grupo em um ambiente de trabalho, a crença é de que as pessoas estão à procura de uma desculpa para puxar seu tapete, para derrubá-la.

Se uma mulher ambiciosa é a única de um grupo em seu ambiente de trabalho e pensa "Quero um círculo de irmãs, preciso trabalhar isso", qual é o primeiro passo que ela deve dar a fim de se conectar com outras e tratar da ansiedade de uma forma concreta?

O primeiro passo é reconhecer a própria ansiedade. A pessoa já nomeou o transtorno, esse é o começo do entendimento. Depois disso, tudo começa a se encaixar. A segunda coisa é dizer "Tudo bem, vou pedir ajuda". A maioria das mulheres negras quer que a ajuda venha de alguém que entenda seus problemas e que se pareça com elas.

A maior parte dos departamentos de RH têm programas de assistência ao funcionário ou profissionais de saúde mental contratados. É possível conversar com eles e dizer "estou procurando alguém que entenda de ansiedade entre negros ou de ansiedade entre pessoas que são as únicas em seus ambientes de trabalho". Há pessoas especializadas no assunto. E, se o RH não conseguir ajudar, há várias organizações que podem indicar um serviço de terapia na região, um que tenha profissionais da mesma raça ou que sejam competentes no campo da diversidade cultural.

Nilofer Merchant tem outra visão sobre esse assunto. Nilofer, como você define *onlyness*, a condição de ser o único de um grupo no ambiente de trabalho?

Nilofer Merchant: *Onlyness* é aquele ponto singular no mundo no qual existe apenas uma única pessoa. É a fonte de ideias que, na economia moderna, é também a fonte de toda criação de valor. Criei o termo "*onlyness*" em 2011 para mudar a narrativa, de modo que pudéssemos parar de falar das diferenças de uma forma que subjugava um grupo. Por exemplo, a expressão "diferença" costuma se referir a pessoas não brancas, mulheres e assim por diante. Na verdade, cada um de nós é diferente, então precisamos parar de diferenciar um grupo de todas as outras pessoas. Precisamos parar de ver um grupo pelo que ele tem a oferecer e outro pela lente da alteridade. *Onlyness* é uma forma de juntar tudo isso em um único termo.

Por que o conceito de *onlyness* é importante para profissionais ambiciosos que estejam enfrentando ansiedade e depressão?

Provavelmente o que eu mais digo às pessoas é que, por muito tempo, elas foram condicionadas a acreditar que, de alguma forma, sua "diferença" é errada e que é preciso superar alguma barreira. Quero dizer que não há nada de errado com essas pessoas. O fato de o mundo não conseguir enxergá-las ou não querer vê-las é um desafio. Mas, até certo ponto, isso não é um problema delas. É possível aprender a separar nossa ansiedade de quem somos de verdade.

Para aquelas pessoas consideradas diferentes por tanto tempo, seja pela orientação sexual, pela idade ou por todas as formas pelas quais as pessoas podem ser rotuladas, isso significa que entre 50% e 70% das ideias se perdem na economia e ficam restritas ao nível pessoal. Essa é a ironia da originalidade. Embora cada um de nós tenha uma perspectiva distinta, alguns de nós somos chamados de "diferentes" quando todos somos, individualmente, pessoas distintas. Alguns de nós somos vistos o tempo todo através de uma lente subjetiva, como jovem, gay, mulher ou o que for, em vez de sermos vistos como um sujeito de nossa própria história. Se somos vistos pela lente da alteridade, então não estamos sendo vistos como nós mesmos, e, portanto, as ideias que temos são suprimidas para que se adéquem ou são ignoradas. É por isso que a alteridade fere a inovação. O mundo do trabalho precisa das ideias que cada um de nós tem a oferecer.

Nós duas somos grandes fãs do trabalho de Rosabeth Moss Kanter, da Harvard Business School, cuja pesquisa investiga o tokenismo. Quando a pessoa representa um grupo que equivale a menos de 15% do conjunto total da empresa, ela depara com um tratamento diferenciado que pode, de fato, reprimir suas ideias. Mas, além disso, esse tratamento por si só gera bastante estresse e ansiedade. Quando se é visivelmente diferente no ambiente de trabalho, como essa diferença diminui o poder do indivíduo e como ela é capaz de gerar ansiedade?

Kanter disse que "Se você é o único, vai ser estereotipado". Então, você vai ouvir coisas como: "Ah, as mulheres não são ambiciosas" ou "Os jovens não sabem de nada". O que achei muito interessante a respeito dos dados de Kanter foi perceber que os estereótipos estão fora de controle. Portanto, se você é um *token* (um "representante" de uma minoria) e está sendo dispensado em dado ambiente, vá construir ou se inserir em outro.

Uma coisa que Kanter também leva em conta é o fato de que, quando se é o único, é preciso ser responsável por todo mundo que se parece com você. A pessoa se torna porta-voz daqueles presentes no ambiente. É comum falarmos em como os grupos de funcionários podem ajudar as pessoas, possibilitando que elas falem sobre saúde mental. Entretanto, eu me preocupo com o fato de que, ao fazer isso, ainda que o grupo seja útil, você se torne a pessoa com problemas de saúde mental que está disposta a falar no assunto: "Sou a pessoa que não se importa de assumir um problema de saúde mental; sou a mulher ansiosa do escritório."

É uma carga muito mais pesada.

Com certeza. Além disso, pensamos: "As pessoas só sabem isso de mim?" Então, o que fazer?

Não há problema algum se você acabar sofrendo de ansiedade e, de fato, se preocupar com o assunto e se dispuser a defender essa causa. No entanto, é bom ser capaz de definir o que importa, em vez de deixar isso por conta de outra pessoa. Por exemplo, eu nasci uma mulher não branca – esses são aspectos da minha identidade, mas não minha identidade completa. O que me define é ser mulher? É ser não branca? Se eu fosse limitada pelas identidades que me foram impostas, em vez de ser definida por uma identidade que eu escolhi, perderia a oportunidade de descobrir ou de construir ambientes nos quais as pessoas se dediquem a estimular a geração de valor a partir de vozes que costumam ser desconsideradas. Portanto, o que mais importa é descobrir o que define as pessoas de seu grupo a partir de uma autodefinição. Depois, descobrir como se conectar com elas e como se apoiarem mutuamente.

Como você encara a síndrome do impostor e como sugere que as pessoas considerem o assunto, caso deparem com ela?

O que acho que acontece é que, às vezes, entramos em uma sala e o grupo predominante de engenheiros se comporta *de forma X*, mas talvez nós queiramos agir de outra forma. Ou o marketing da empresa se posiciona *de maneira Y*, e nós não temos o perfil equivalente. É possível que a pessoa se sinta uma impostora quando se comporta de um jeito que ela acredita ser o que se espera dela. Nós quase saímos de nós mesmos a fim de adotar as normas de outra pessoa.

Digamos que eu seja um cara que se preocupa em participar ativamente da educação dos filhos. É possível que essa seja uma escolha que eu precise descartar com o intuito de adotar as normas do grupo majoritário, uma vez que muitas pessoas não esperam que os homens sejam cuidadores proativos. Ainda assim, caso eu esteja celebrando minha *onlyness*, vou dizer "Quer saber? Eu vou para casa às 16h45 porque preciso pegar as crianças na creche. Sei muito bem que esse não é o papel que vocês esperam das pessoas do meu gênero, mas eu sou assim. Vou ser verdadeiro comigo mesmo".

Qual é o primeiro passo que alguém pode adotar rumo à celebração da própria *onlyness*?

Preste atenção no que realmente importa para você. Eu digo às pessoas que façam isso por meio de duas perguntas. Em primeiro lugar, qual é a sua história e qual é a experiência que formou e moldou aquilo que importa para você? Às vezes, quando faço essa pergunta, as pessoas dizem coisas como "eu me preocupo de verdade com equidade e com a segurança das pessoas", mas não compartilham o lado obscuro dessa história. Não o admitem. Quando resgatamos nossa história e nossas experiências, tanto o lado positivo quanto o negativo delas, mergulhamos fundo no entendimento do que importa de verdade.

Em segundo lugar, pergunto: "O que eu faria com isso tudo?" Minhas exatas palavras são: "Se você tivesse uma varinha mágica dos filmes da Disney, que transforma abóboras em carruagens e ratos em cavalos, o que você mudaria com essa varinha?" Assim que faço essa pergunta, a ficha costuma cair.

Então, eu digo: "Certo, agora combine essas duas coisas por um minuto – sua história, suas experiências, visões e esperanças com aquele momento varinha mágica das coisas que gostaria de mudar. Até onde isso leva você?" É comum que esse processo elucide o que realmente importa e, assim, tenha-se uma ideia melhor de como a *onlyness* pode ser poderosa.

Eu também gostaria de falar sobre a ideia de pertencimento, porque nunca conheci alguém que já não tivesse se perguntado "Ah, meu Deus, será que eu me encaixo aqui?". Qual a relação entre essa preocupação e a ansiedade?

As pesquisas têm demonstrado que 61% das pessoas dizem que escondem a verdadeira personalidade no ambiente de trabalho. A maioria das pessoas tenta disfarçar o que são. Até 45% dos homens brancos dizem que agem assim.

Estamos todos morrendo de vontade de ser quem somos. Essa é a grande lição. Nós permitimos que certas pessoas na empresa sejam elas mesmas e, depois, tentamos descobrir como podemos nos encaixar naquele jeito de ser. Nós precisamos de uma variedade de construtos de liderança, uma gama de maneiras de sermos capazes de levar ao trabalho todas as nossas perspectivas distintas. É assim que moldaremos o ambiente de trabalho para torná-lo mais humano.

Morra Aarons-Mele é empreendedora, especialista em marketing on-line e executiva de comunicação. Fundadora da premiada agência de comunicação estratégica Women Online e do banco de dados de influenciadores The Mission List, Aarons-Mele ajudou Hillary Clinton a se conectar para seu primeiro bate-papo pela internet e já lançou campanhas digitais em nome do ex-presidente Obama, de Malala Yousafzai, da Organização das Nações Unidas e de muitas outras personalidades e organizações de destaque. Sendo ela mesma uma pessoa extremamente ansiosa e introvertida, apresenta o muito bem ranqueado podcast *The Anxious Achiever*, da HBR Presents, ligada à Harvard Business Review. Aarons-Mele adora ajudar as pessoas a repensarem a relação entre saúde mental e liderança.

Angela Neal-Barnett é professora de ciências psicológicas e diretora do programa de pesquisa sobre transtornos de ansiedade entre pessoas negras na Universidade Estadual de Kent. Primeira mulher negra a ser promovida ao cargo de professora titular na Faculdade de Artes e Ciências, é autora de *Soothe Your Nerves: The Black Woman's Guide to Understanding and Overcoming Anxiety, Panic, and Fear* (Acalme seus nervos: O guia da mulher negra para entender e superar a ansiedade, o pânico e o medo). Todos os dias, ela reserva um tempo para proteger o espírito e a saúde mental. Siga-a no Twitter: @dranjela.

Nilofer Merchant é ex-executiva da Apple, autora de três livros notáveis sobre inovação e considerada pela Thinkers50, por quatro vezes consecutivas, uma das principais líderes em gestão de nosso tempo.

Capítulo 8
Como fortalecer a saúde mental das mulheres

Kelly Greenwood

Ainda que as taxas de problemas de saúde mental entre homens e entre mulheres sejam, de maneira geral, semelhantes, as mulheres enfrentam desafios específicos no ambiente de trabalho. Alguns estão vinculados a questões e estereótipos de gênero, ao passo que outros são interseccionais por natureza. Na verdade, a saúde mental é interseccional, uma vez que os marcadores de identidade, como raça e gênero, moldam a experiência de um indivíduo; além disso, ela é, por si só, uma categoria emergente de diversidade, equidade e inclusão.

A lista de desafios que afetam as mulheres é longa. Para citar apenas um, elas são mais propensas a determinados diagnósticos. Mulheres têm duas vezes mais chances de ter depressão, transtorno de ansiedade generalizada e estresse pós-traumático,

---

Adaptado de "How Organizations Can Support Women's Mental Health at Work," publicado em hbr.org, 18 de março de 2022.

e muito mais chances de enfrentar um transtorno alimentar.[11] Desigualdade salarial, responsabilidades com dependentes e violência de gênero estão entre os fatores que contribuem para problemas mentais corriqueiros.[12] Infertilidade, menopausa e depressão pós-parto também afetam muitas mulheres.

O papel de cuidadoras físicas e emocionais – enquanto filhas, mães, colegas e até líderes – resulta em cargas mais pesadas. Além disso, existem as questões da sub-representação nos espaços de liderança, do status duplo de "única" enquanto mulher não branca ou membro da comunidade LGBTQIAPN+, do enfrentamento de assédio sexual, da síndrome da impostora, das negociações em torno da licença-maternidade e de funções domésticas no escritório. Muitos desses desafios são em grande parte invisíveis, uma vez que algumas mulheres relutam em discuti-los, em especial no trabalho.

Some tudo isso, e não há surpresa no fato de que o gênero adiciona outra camada de complexidade à questão da saúde mental no ambiente de trabalho. As estruturas e os sistemas da maioria das empresas foram desenvolvidos tendo os homens em mente. Muitas mulheres podem não se sentir inclinadas a uma "diferenciação" ainda maior gerada pela revelação de um problema de saúde mental.

Em meio a questões de gênero e a um transtorno de ansiedade generalizada, já passei por muitas coisas e tenho minha parcela de silenciamento. Isso se aplica a ambientes diversos que vão de uma consultoria em gestão dominada por homens no início da minha carreira até minha função atual como fundadora e CEO do Mind Share Partners, uma organização sem fins lucrativos voltada para a mudança na cultura da saúde mental no ambiente de trabalho.

A seguir, veja o que fazer caso você seja uma mulher às voltas com problemas de saúde mental no trabalho ou ocupe um papel de liderança e queira criar um ambiente mentalmente saudável para suas funcionárias. Muitas dessas são recomendações-padrão no fortalecimento da saúde mental no trabalho, mas as nuances e o contexto da condição feminina tornam a aplicação das medidas muito mais difícil.

Como as mulheres podem defender a própria saúde mental no trabalho

A despeito das questões sistêmicas em jogo, há atitudes práticas que você pode defender em prol da saúde mental no ambiente de trabalho. Isso inclui, por meio de conversas com seu chefe ou com o RH, identificar e pedir aquilo de que você precisa, encontrar aliados e lugares seguros e avaliar a cultura do lugar a fim de decidir se o ambiente lhe fornece o apoio desejável.

Reflita sobre suas necessidades

Em primeiro lugar, reflita sobre a natureza de sua saúde mental e os desafios específicos que ela lhe impõe. Trata-se de um problema crônico, episódico ou um evento isolado? Pense nos fatores que contribuem para o problema. Estão relacionados ao trabalho ou restritos à vida pessoal? Existe um componente específico de gênero, como cuidado com as crianças ou discriminação no trabalho, que torna você mais relutante em discutir o problema? Seja clara quanto aos efeitos. O problema de saúde mental afeta seu desempenho no trabalho?

Converse com um amigo ou amiga, alguém da família ou um terapeuta sobre suas preocupações e faça uma lista das potenciais demandas que podem ser apresentadas no trabalho em busca de apoio. Talvez você também queira ouvir os conselhos de um círculo feminino ou pedir a amigas que lhe recomendem terapeutas, livros ou podcasts com foco em questões de gênero. Pergunte a si mesma se o usufruto dos benefícios ligados à saúde mental e de outros recursos fornecidos pelo empregador (como cobertura de seguro-saúde para a terapia ou consultas psiquiátricas) é suficiente ou se existe a necessidade de fazer um acordo (como começar a trabalhar um pouco mais tarde). Talvez seja uma boa ideia informar-se sobre as proteções legais disponíveis. (Consulte o capítulo 1 para mais informações sobre esse tópico.)

Encontre aliados e espaços seguros

A primeira pessoa no trabalho para quem contei sobre meu transtorno de ansiedade generalizada era uma mentora que já havia me falado da luta de um membro de sua família com a saúde mental. Sem esse conhecimento prévio, eu não teria tido coragem de lhe pedir orientação na época em que meu desempenho caiu por causa da ansiedade.

Por causa do estigma comumente associado aos problemas de saúde mental, sentir-se segura para contar sua história e receber o apoio de aliados é um passo crítico. A simples percepção de não estar sozinha pode fazer muita diferença, em especial quando a mulher se sente deslocada por causa do gênero. Isso pode acontecer em um contato com uma única pessoa ou por meio de um grupo de afinidade composto por mulheres ou de um grupo de recursos de funcionários voltado à saúde mental. O apoio de colegas é uma ferramenta poderosa na redução do estigma.

Aliadas são capazes de ajudar você a enxergar que os problemas de saúde mental podem ser úteis no desenvolvimento de pontos fortes no ambiente de trabalho. Para além da dificuldade adicional de se lidar com questões de gênero no trabalho, aliadas podem nos ensinar empatia e resiliência, instigar a criatividade e renovar nossa ambição, como aconteceu comigo.

Caso, em sua empresa, ninguém (de qualquer gênero) lhe pareça um evidente aliado da saúde mental, procure por possíveis indicadores. Há alguém que já tenha demonstrado vulnerabilidade ou falado com sinceridade sobre problemas pessoais de qualquer tipo? Algum líder masculino já se referiu à esposa ou à filha em um tom solidário? Estude o terreno a fim de ver como eles reagem, digamos, a uma celebridade que apareceu na mídia falando de seus problemas de saúde mental; ou à notícia de que haverá uma caminhada para levantar fundos na comunidade em apoio a uma organização voltada à saúde mental. Além disso, considere pedir orientação sobre como conduzir a conversa em seu ambiente de trabalho.

Converse com a gerência ou com o RH

Se você precisar de um acordo para lidar com a saúde mental ou tiver sugestões que possam beneficiar a todos, converse com a gerência (ou com o RH, caso não se sinta à vontade em falar com a gerência). Isso pode ser um pouco assustador. O relatório Mental Health at Work [Saúde Mental no Trabalho], de 2021, da Mind Share Partner, revelou que as mulheres que responderam ao levantamento se sentiam menos à vontade para conversar sobre saúde mental com as gerências e com o RH do que os homens, mas não mostrou nenhuma diferença nas conversas com colegas ou amigos.[13] As dinâmicas de poder continuam em jogo, tornando-se muitas vezes mais evidenciadas pelo gênero. Talvez você tenha medo de dificultar ainda mais aquela suada promoção ou de se sentir ainda mais deslocada por causa de um problema de saúde mental ou de uma questão rotulada de "feminina", como o cuidado com as crianças ou com os idosos da família.

A escolha de quanto e com quem compartilhar é sua. É possível se limitar a "Posso faltar na sexta-feira? Eu não tenho me sentido nada bem nas últimas semanas". Caso você tenha uma relação mais próxima e de confiança com alguém, pode mencionar seu diagnóstico. Se a solução que você vai propor envolve mudanças em fatores do ambiente de trabalho capazes de beneficiar todos os membros da equipe, como maior flexibilidade ou normas sobre contatos de trabalho depois do horário do expediente, você pode sugerir à chefia uma conversa sobre estilos de trabalho. Isso prepara toda a equipe para realizar o melhor trabalho possível e leva em consideração a saúde mental sem que seja preciso nomear o assunto em si. Caso você necessite de um acordo à parte, é provável que precise agir em conjunto com os chefes e com o RH a fim de encontrarem uma solução. (Consulte o capítulo 1 para mais informações sobre esse tópico.)

Mesmo em um ambiente liderado por uma mulher, o autoestigma e o medo das repercussões profissionais eram tão fortes que, sendo recém-contratada e tentando provar meu valor, não solicitei a simples concessão de ser liberada para a sessão semanal de terapia. Se eu tivesse feito isso mais cedo, teria poupado a chefia, a empresa e a mim mesma de várias adversidades. Reflita sobre as contrapartidas do compartilhamento: é possível que a balança pese mais para esse lado, uma vez que os desafios da saúde mental se tornam mais normalizados, em especial entre pessoas de alto desempenho.

Avalie a cultura

Ainda que o pedido de demissão seja o último recurso nos casos em que o trabalho estiver prejudicando a saúde mental, essa é uma opção que deve ser sempre considerada. Antes de tomar uma decisão, dê um passo atrás e pense na cultura da empresa. Há mulheres em posição de liderança? Ou alguém que já tenha falado abertamente sobre saúde mental ou outros desafios? A diretoria-executiva se mantém aberta a críticas e mudanças? Está comprometida com a diversidade, a equidade e a inclusão e com novas formas de trabalho que promovam o equilíbrio e o bem-estar?

Ganhar a vida não deve exigir o comprometimento da saúde mental. Felizmente, as empresas estão cada vez mais cientes disso, à medida que as prioridades dos funcionários acerca da saúde mental têm sido reveladas ao longo dos processos de recrutamento e retenção de pessoal. Não há problema algum em se afastar de um emprego que não está funcionando bem. O relatório de 2021 do portal Mental Health at Work revelou que 68% dos millenials e 81% dos integrantes da Geração Z deixaram os empregos por causa de questões ligadas à saúde mental, em comparação aos 50% de todos os participantes da pesquisa. O relatório mostrou ainda que as mulheres eram menos propensas do que os homens a ter uma visão positiva da cultura das empresas em torno da saúde mental. Um estudo da empresa Deloitte mostrou que mulheres que trabalham para organizações gênero-inclusivas têm melhores índices de bem-estar mental e de lealdade aos empregadores.[14] Com o objetivo de competir por talentos, as empresas terão que fazer mudanças, uma vez que as gerações mais jovens estão priorizando cada vez mais preservar sua saúde mental e trabalhar em culturas que a fortaleçam.

Como pessoas em posição de liderança podem dar suporte à saúde mental das mulheres

A não ser que ocupemos posições de poder, há um limite para o que as mulheres, individualmente, podem fazer em defesa da saúde mental feminina. Líderes, gerentes e chefes de RH devem conduzir uma mudança cultural voltada a ajustes em ambientes de trabalho com longo histórico de dominação masculina. Assim, oferecemos os conselhos a seguir, em sua maioria adaptados tendo como foco as mulheres a partir do ordenamento *Ecosystem of a Mentally Healthy Workplace* (Ecossistema de um local de trabalho mentalmente saudável), extraído do portal Mind Share Partners.[15]

Seja a mudança

Lidere por meio de ações para alcançar um modelo que teria ajudado você no início da carreira, qualquer que seja seu gênero. A liderança autêntica é um meio extrema e comprovadamente eficaz de ganhar a confiança e de reduzir o estigma. Manter-se vulnerável e capaz de falar sobre saúde mental ou outros problemas é uma das coisas mais potentes que você pode fazer. Isso sinaliza às funcionárias que elas podem discutir um assunto que já foi tabu no ambiente de trabalho e as ajuda a se sentirem confortáveis diante do compartilhamento.

Hoje em dia eu falo sem reservas sobre meus problemas com a saúde mental e me empenho em compartilhar as batalhas atuais, em tempo real, a fim de beneficiar a equipe. Isso engloba desde uma depressão debilitante, que me levou a tirar uma licença, e o luto pela morte inesperada do meu pai, às vésperas do início da pandemia de covid-19, até as ondas de calor causadas pela pré-menopausa, algo que, levando-se em conta a predominância masculina no início de minha carreira como consultora, me parecia particularmente proibitivo. Esta última revelação acabou tendo um benefício inesperado, uma vez que a equipe me presenteou com um miniventilador de mesa para ligar no laptop! Algumas integrantes da equipe me disseram que é revigorante ver a vulnerabilidade de uma líder feminina. Como consequência do compartilhamento, elas se sentem livres, pela primeira vez, para falar dos próprios desafios vinculados à saúde mental e à vida pessoal no trabalho, permitindo que nós lhes ofereçamos apoio e possibilidades de ajustes sempre que necessário.

Servir de exemplo para comportamentos mentalmente saudáveis e construir uma cultura de conexão também são fatores essenciais, em especial entre as mulheres, que podem hesitar em confrontar o status quo. Dizer às pessoas que não há problema em tirar férias ou se desconectar depois do expediente não adianta de nada se você não adotar a mesma postura. Por exemplo, eu incluo as sessões de terapia e os eventos da escola de meus filhos na agenda de trabalho. As pessoas na equipe sabem que podem priorizar compromissos pessoais importantes durante o horário de trabalho e que as crianças podem aparecer na tela durante reuniões on-line. Procurar saber pessoalmente, com regularidade, como cada um dos subordinados diretos anda se sentindo cria uma cultura de cuidado e inclusão. Isso pode ser feito por meio de gestos simples, como reservar os primeiros cinco minutos de uma reunião para perguntar com atenção genuína: "Como vai você, posso ajudar em alguma coisa?"

Forneça capacitação em saúde mental e impulsione a ampla divulgação dos recursos disponíveis

As pessoas em posição de liderança devem priorizar a capacitação em saúde mental para funcionários de todos os níveis, inclusive equipes executivas, gerências e colaboradores individuais. Por causa de diferenças geracionais e outras disparidades em operação no ambiente de trabalho, é importante que todos tenham um nível similar de entendimento, inclusive acerca de como a saúde mental tem relação com vários aspectos de nossas identidades – seja nas questões de gênero ou de outra natureza.

Adote uma abordagem proativa e preventiva por meio de uma lente de gestão. Não é necessário mergulhar nos sinais e sintomas. A capacitação em saúde mental vai fornecer o conhecimento básico, discutir interseccionalidade, derrubar mitos e oferecer ferramentas e estratégias para lidar com o assunto no ambiente de trabalho, como conduzir conversas difíceis e estabelecer culturas mentalmente saudáveis.

Além disso, é importante que líderes e chefias divulguem com frequência os benefícios à saúde mental disponíveis. Eles devem ser tema de e-mails encaminhados a toda a empresa, ao menos uma vez por mês, e figurar com destaque na intranet, em vez de ficar soterrados em um portal de benefícios obscuro. Como, por causa do estigma, muitas pessoas adiam a busca por tratamento, as lideranças devem compartilhar, se for o caso, o fato de que elas mesmas usufruem dos recursos oferecidos, de modo a normalizar a prática. Isso também se aplica a outros serviços que as mulheres podem não querer discutir abertamente, como os voltados à infertilidade.

Inclua a saúde mental nas diretrizes, práticas e medidas

Nomeie com clareza a questão da saúde mental nas diretrizes relevantes e a incorpore nas práticas de toda a empresa. Os exemplos incluem licenças e períodos de folga remunerados, bem como horários flexíveis e normas de comunicação saudável. As empresas devem estabelecer um compromisso genuíno com a diversidade, a equidade e a inclusão, inclusive por meio de patrocinadores executivos e financiamento de grupos de recursos de funcionários. (No capítulo 20, há mais informações sobre esses grupos.)

Além disso, as lideranças devem retificar questões estruturais que prejudiquem as mulheres, como inequidade, licença-maternidade insuficiente e impunidade em casos de agressão leve e assédio.

As lideranças podem incentivar mudanças positivas por meio de mecanismos de prestação de contas, como pesquisas regulares. Mensurações de engajamento, de índices de retenção e do estado da saúde mental das funcionárias consolidam a preocupação com o tema como uma das prioridades da empresa.

Estimule uma flexibilização inclusiva e formas sustentáveis de trabalho

Alguns aspectos do ambiente de trabalho, como a falta de autonomia, cargas de trabalho fora da realidade e a ausência de limites depois do horário de expediente, podem levar a uma saúde mental precária. No caso das mulheres, esses fatores podem ser ainda mais prejudiciais por conta de agressões leves, compromissos com a maternidade e outros elementos. Em tratativas com investidores externos masculinos, eu costumo evitar menções a meus dois filhos pequenos por medo de preconceitos acerca de minha capacidade de exercer a maternidade, ao mesmo tempo que sou uma empresária.

Pessoas em posições de liderança devem proporcionar a maior flexibilidade possível nas diretrizes e práticas. Todo mundo precisa de algo diferente, seja trabalho remoto ou horário alternativo. Assegure-se de rever essas questões com seus subordinados diretos, uma vez que as mudanças ocorrem com o tempo e em fases diferentes da vida, como a chegada dos filhos.

Além disso, as próprias pessoas em funções de liderança devem adotar práticas de trabalho flexíveis e sustentáveis. Caso contrário, é pouco provável que as funcionárias mudem de atitude, temendo implicações negativas para as respectivas carreiras. Até no mais amigável dos ambientes, é comum termos que desaprender condicionamentos de uma vida inteira – seja em torno do vício no trabalho ou dos estigmas da saúde mental. Muitas mulheres, a fim de conciliar a postura de líder forte à de líder cuidadosa, aprendem a deixar as próprias necessidades em último lugar, a tentar agradar (em vez de usar a própria voz) e a lidar com uma carga emocional extra. Isso pode dificultar muito a priorização da saúde mental no trabalho. Deveríamos dar a nós mesmas um desconto e nos lembrar de que só somos capazes de ser eficientes se tivermos, antes de tudo, cuidado bem de nós mesmas, inclusive da nossa saúde mental.

A reorientação no sentido de ajudar a saúde mental das mulheres no trabalho acaba por beneficiar a todos, desde os pais que querem ser mais participativos aos integrantes da Geração Z que encaram a flexibilidade como algo básico. Com sorte, haverá um tempo no qual não precisaremos destacar nossas necessidades enquanto mulheres. Em vez disso, teremos instituído a inclusão e a verdadeira mudança cultural.

Kelly Greenwood é fundadora e CEO da Mind Share Partners, organização sem fins lucrativos que busca mudar a cultura relacionada à saúde mental no ambiente de trabalho para que empregados e empresas consigam prosperar. A organização fornece treinamento e aconselhamento estratégico para grandes empresas, cria comunidades de apoio a grupos de recursos de funcionários e profissionais e contribui para a conscientização pública. Kelly aprendeu a gerenciar o transtorno de ansiedade generalizada que por duas vezes a levou a uma depressão debilitante. Fundou a Mind Share Partners para criar recursos aos quais gostaria de ter tido acesso, junto a seus chefes e sua empresa, na época em que estava em apuros. Siga Kelly no Twitter: @KellyAGreenwood.

Capítulo 9
Como priorizar a saúde mental de pessoas não brancas

Angela Neal-Barnett

É comum partirmos dos pressupostos equivocados de que a saúde mental tem um significado idêntico para todos e de que raça e etnia não são fatores nessa equação. O fato é que existem disparidades entre pessoas não brancas e seus colegas brancos no que diz respeito à prevalência, à incidência, aos sintomas e ao tratamento dos problemas de saúde mental. A pandemia e o amplo reconhecimento do racismo como um fator de crise na saúde pública ressaltaram essas disparidades, bem como a necessidade de que elas sejam identificadas e encaradas no ambiente de trabalho.

Os obstáculos à frente

Se você é uma pessoa não branca, os obstáculos ao tratamento da saúde mental incluem o impacto do racismo, da condição de ser "a única", da desconfiança entre grupos culturais e do coletivismo. Entender o racismo e seu impacto é crucial para a saúde mental no ambiente de trabalho e para a conscientização das pessoas em posições de liderança.

O racismo assume três formas, cada uma delas sendo um fator estressante crônico. O *racismo sistêmico* é aquele em que ideologias, instituições e diretrizes operam de modo a produzir desigualdade racial e étnica (como quando uma empresa só contrata pessoas não brancas "qualificadas", ou quando funcionários não brancos só são indicados para trabalhos com clientes não brancos). O *racismo interpessoal* envolve duas ou mais pessoas e pode se manifestar por meio de intolerância, ações tendenciosas, preconceito e microagressões (como quando um colega lhe direciona um comentário ofensivo). O *racismo internalizado* é a aceitação dos estereótipos negativos e das crenças sociais acerca do seu grupo racial (como quando a pessoa acredita só ter sido contratada por causa de sua raça ou etnia).

As pesquisas mostram que enfrentar ou presenciar o racismo tem impacto sobre a pessoa no nível celular, envelhecendo-a em um ritmo mais acelerado e aumentando os riscos de problemas mentais.[16] Se você é uma pessoa não branca, é provável que enfrente uma ou mais formas de racismo todos os dias. Como consequência, você tem mais riscos de desenvolver ansiedade e depressão, além de estresse e distúrbios traumáticos. No caso de alguns transtornos (ansiedade e trauma), os sintomas experimentados pelas pessoas negras são mais intensos e duradouros.

Funcionários não brancos tendem a ser únicos no ambiente de trabalho – a única pessoa não branca no departamento, no setor e, às vezes, no escritório inteiro. Quando se está em uma situação assim, é possível passar dias, semanas, até meses, sem ver ou falar com colegas que se pareçam com você. Isso significa que você não tem com quem verificar se as experiências no trabalho relacionadas a questões raciais são semelhantes às suas. ("Aquele chefe corrige o trabalho de todo mundo ou só o meu?") Ser o único também significa que, caso você falte a uma reunião ou não compareça a um compromisso fora do escritório, as pessoas percebem e comentam. Isso pode exacerbar a sensação de ansiedade e de isolamento no ambiente.

Ser o único no ambiente e o racismo em suas várias formas impõem outra barreira ao recebimento de cuidados – a atitude defensiva, a tendência a não acreditar nos colegas e chefes brancos ou a desconfiar deles. E essa falta de confiança tem diversos efeitos: a pessoa se torna cautelosa e se mantém com a guarda levantada, o que faz com que colegas a vejam como alguém hostil ou sem espírito de equipe. Em relação à saúde mental, a atitude defensiva acentua o receio de que qualquer demanda por tratamento ou acordo seja usada como impedimento a promoções e aumentos de salário ou que resulte na perda do emprego. Pior ainda, a pessoa pode acreditar que sua solicitação será comentada por todos no escritório. Dito de forma simples, a pessoa acredita que será traída, e essa crença, por sua vez, alimenta a desconfiança.

Muitos funcionários não brancos crescem em famílias e em comunidades que abraçam o coletivismo, a crença de que os sucessos e fracassos de alguém não pertencem apenas a eles, pois são compartilhados com a família e a comunidade. Quando surgem as dificuldades, a pessoa pode sentir como se fosse decepcionar esses grupos. Ela é incapaz de reconhecer que, cedo ou tarde, todo mundo enfrenta problemas de saúde mental. E se sente envergonhada, constrangida e indigna de apoio ou perdão. Assim, não pede ajuda ou não aceita o apoio que lhe é oferecido. Como consequência, o impacto de qualquer que seja o desafio enfrentado – depressão, ansiedade, trauma – aumenta.

Como verificar o status de sua saúde mental

A saúde mental raramente é discutida nas comunidades de pessoas não brancas. A percepção mais comum é a de que se trata de um problema "de gente branca" e de que uma saúde mental precária significa que a pessoa é "louca". Nada poderia estar mais longe da verdade. Em minhas oficinas corporativas sobre saúde mental para pessoas não brancas, quando explico em detalhes os sinais e sintomas da depressão, da ansiedade ou do trauma, a reação mais comum entre essas pessoas é "Isso tem nome? Eu pensava que era normal a pessoa se sentir assim". A essa fala costuma se seguir a pergunta: "Como saber se eu preciso de ajuda?"

As perguntas a seguir são uma boa maneira de avaliar sua saúde mental:

- O modo como estou me sentindo ou meus pensamentos atuais estão interferindo em minha vida?

- O modo como estou me sentindo ou meus pensamentos atuais estão me impedindo de fazer as coisas que quero fazer?

- O modo como estou me sentindo ou meus pensamentos atuais estão dificultando minha atuação em alguns ou em todos os aspectos da minha vida?

Se a resposta a qualquer uma dessas perguntas for sim, é hora de prestar mais atenção no seu bem-estar mental e pedir ajuda.

Nem sempre é fácil pedir ajuda. A interação entre o racismo, a atitude defensiva e o fato de ser o único pode trazer a sensação de que pedir ajuda se trata de um sinal de fraqueza, como se a saúde mental fosse um problema que você não consegue resolver por conta própria. Quando se sentir assim, lembre-se de que a saúde mental faz parte da saúde – quando temos um problema no corpo, não hesitamos em pedir ajuda. Não deveria ser diferente com a mente. Além disso, deixar de pedir ajuda quando necessário permite que a sensação de vergonha e fraqueza espalhe seu veneno.

O primeiro passo ao pedir ajuda é identificar a melhor pessoa a se procurar. Existe alguém da chefia (talvez seu superior imediato) ou outra pessoa em posição de liderança na empresa que você acredita ser capaz de ouvir você com atenção? Muitas vezes, a empresa já destacou alguém no RH para auxiliar funcionários com preocupações ligadas à saúde mental. Ao pedir ajuda, quanto mais específico o pedido, melhor. Você quer fazer terapia, participar de um grupo ou frequentar um curso? Peça qualquer coisa que considerar útil para seu caso. Não há problema em não saber o que pedir ou que tipo de intervenção deseja. Você pode dizer apenas: "Nos últimos tempos, a minha ansiedade (ou estresse, irritação, sensação de depressão) aumentou aqui no trabalho, e eu gostaria de obter ajuda. Quais são as opções disponíveis? O que já foi considerado útil por outras pessoas?"

A despeito dos esforços para encarar os obstáculos, alguns ambientes de trabalho permanecem nocivos à saúde mental das pessoas não brancas. Nesses casos, você deve avaliar se não seria melhor deixar o emprego. Tomar essa decisão com o auxílio de um terapeuta pode ajudar a reduzir a ansiedade e o medo que podem surgir. O terapeuta ajudará a avaliar os prós e contras da decisão, a desenvolver uma estratégia para a saída e a revisar os passos a serem tomados no futuro, inclusive o que procurar na próxima empresa.

Se você de fato deixar o emprego, é possível que a empresa solicite sua participação em uma entrevista de desligamento. Ao lhe perguntarem os motivos da saída, tente ao máximo manter o controle emocional (por mais difícil que seja) e atenha-se aos fatos. Infeliz e injustamente, caso a pessoa se mostre muito emotiva, é mais fácil para o entrevistador desconsiderar as experiências ou sugestões apresentadas.

O que gerentes e empresas podem fazer

Nos últimos anos, tenho passado um tempo considerável prestando consultoria a corporações e empresas sobre a saúde mental de pessoas não brancas. Para começar, sou convidada porque a situação atingiu um nível crítico – por exemplo, um funcionário não branco teve uma explosão de raiva, ou os funcionários não brancos estão exigindo que a empresa se preocupe com suas necessidades relacionadas à saúde mental. Enquanto líder, você não pode esperar até que a saúde mental de seus subordinados não brancos entre em crise para só então torná-la uma prioridade. As pesquisas mostram que priorizar a saúde mental dos funcionários não brancos desde o início melhora o ambiente de trabalho, promove o bem-estar geral, aumenta a produtividade e as margens de lucro.[17]

Como líder, você deve enfatizar em pensamentos, palavras e ações que não há fraqueza, vergonha, punição ou julgamento quando um funcionário não branco (ou qualquer funcionário) pede ajuda. Isso pode ser consolidado por meio da incorporação de forma regular de uma pauta de saúde mental e bem-estar nas reuniões da empresa, assegurando-se de que as necessidades das pessoas não brancas sejam levadas em consideração. Além disso, um treinamento de primeiros socorros relacionados à saúde mental pode se tornar parte do treinamento dos supervisores, fornecendo às pessoas em posição de liderança as habilidades para acolher com prontidão e de modo apropriado os funcionários que por acaso peçam ajuda.

Os racismos sistêmico e interpessoal no ambiente de trabalho expõem os funcionários não brancos a um maior risco de desenvolver problemas de saúde mental. As pessoas em posição de liderança devem estar dispostas a examinar com afinco diretrizes e procedimentos que reflitam o racismo sistêmico e as culturas laborais que possam estar repletas de racismo interpessoal. Então, devem agir de modo a repensar e a mudar esses procedimentos, diretrizes e culturas.

O empoderamento de funcionários não brancos com o intuito de proteger e priorizar a saúde mental dessas pessoas envolve a garantia de que terapeutas não brancos e terapeutas e conselheiros competentes no quesito diversidade cultural estejam disponíveis por meio de um programa de assistência aos funcionários ou de um plano de seguros da empresa. A maioria dos empregados não brancos quer um terapeuta que se pareça com eles. No entanto, os números atuais de terapeutas não brancos é, infelizmente, pequeno. Assim, a inclusão de terapeutas competentes em questões de diversidade cultural *que tenham experiência prévia* com o tratamento de funcionários não brancos é fundamental. Por conta da atitude defensiva, alguns empregados não brancos vão solicitar um terapeuta fora do programa de assistência aos funcionários e sinalizar o desejo de recorrer a um plano de saúde ou convênio particular. Nesses casos, o RH deve providenciar e disponibilizar uma lista de terapeutas não brancos e brancos.

À medida que os funcionários não brancos priorizarem a saúde mental, vão requerer certos acordos. Além disso, qualquer informação sobre a saúde mental de um empregado é informação sobre saúde e, por lei, deve permanecer confidencial. Acordos comuns incluem licenças, limite de carga horária e o uso de animais que auxiliam pessoas com deficiência. Como para muitas pessoas não brancas a saúde mental e a fé estão profundamente interligadas, alguns pedidos de acordo podem incluir itens como o prolongamento do horário de almoço para comparecer à missa ou ao culto do meio-dia ou a execução de música religiosa no trabalho.

As pessoas em posições de liderança devem ter consciência de que os obstáculos aos pedidos de ajuda aqui descritos fazem com que as pessoas não brancas se sintam vulneráveis quando procuram ajuda. As gerências devem se familiarizar com esses obstáculos, entendê-los e buscar sinais de que eles estejam interferindo nas solicitações de acordos. Um exemplo disso pode ser aquela pessoa que está cada vez mais isolada no ambiente de trabalho.

As diretorias de RH e dos setores ligados à diversidade, à igualdade e à inclusão que testemunharem pedidos de demissão por parte de funcionários não brancos devem encarar o problema com calma, franqueza e honestidade. Investigue os fatores por trás do fracasso da empresa em proteger a saúde mental dessas pessoas. Pesquisas sobre clima organizacional, entrevistas de desligamento e grupos focais não são suficientes. Em vez disso, você deve observar e entender a experiência rotineira dos empregados não brancos. (Um exemplo simples: aquela funcionária que pediu demissão era a única negra no departamento ou no setor?) Uma vez identificada a raiz do problema, crie e implemente um plano de ação com passos e prazos claros. E não hesite em trazer ajuda de fora – a experiência e o conhecimento para tratar as áreas do problema talvez não estejam disponíveis na empresa.

Se você é uma pessoa não branca, esses passos podem ajudá-lo a lidar com os desafios da saúde mental no trabalho e também a decidir se a empresa é ou não um lugar no qual você pode prosperar. Se você ocupa uma posição de liderança, considere prioridade a aquisição de mais aprendizado acerca de como os empregados não brancos de fato se sentem no trabalho e como você pode ajudá-los. Essa atitude traz benefícios tanto para os funcionários quanto para os negócios.

Angela Neal-Barnett é professora de ciências psicológicas e diretora do programa de pesquisa sobre transtornos de ansiedade entre pessoas negras na Universidade Estadual de Kent. Primeira mulher negra a ser promovida ao cargo de professora titular na Faculdade de Artes e Ciências, é autora de *Soothe Your Nerves: The Black Woman's Guide to Understanding and Overcoming Anxiety, Panic, and Fear* (Acalme seus nervos: O guia da mulher negra para entender e superar a ansiedade, o pânico e o medo). Todos os dias, ela reserva um tempo para proteger o espírito e a saúde mental. Siga-a no Twitter: @dranjela.

Seção 4

O papel da gerência no fortalecimento da saúde mental

Capítulo 10
Como reduzir o estigma da saúde mental no trabalho

Diana O'Brien e Jen Fisher

Pessoas que sofrem de um problema de saúde mental – seja uma condição clínica ou algo menos severo – costumam esconder o quadro no trabalho por medo de enfrentar discriminação por parte dos colegas e até dos chefes. Esses estigmas podem e devem ser superados. Entretanto, é preciso mais do que diretrizes estabelecidas no andar de cima. É preciso empatia por parte das gerências no andar de baixo.

Nós duas nos incluímos no grupo dos que tiveram que lidar com problemas de saúde mental. Alguns anos atrás, em certa manhã, no meio de um ano de sucesso, Jen não conseguiu sair da cama. Como profissional motivada, havia ignorado todos os sinais que alertavam que ela estava passando por um transtorno de estresse pós-traumático (TEPT). No entanto, sua mentora, Diana,

---

Adaptado de "5 Ways Bosses Can Reduce the Stigma of Mental Health at Work", publicado em hbr.org, 19 de fevereiro de 2019.

percebeu que havia algo errado, e, quando Jen não conseguiu ir trabalhar, a gravidade da situação se tornou ainda mais evidente. Nas semanas que se seguiram, nós atuamos juntas com o intuito de fornecer a Jen a ajuda de que ela precisava.

Diana entendia os problemas de Jen porque também havia passado por algo semelhante – não o TEPT, mas ansiedade. Mãe de trigêmeos autistas adultos e com um trabalho atribulado, era comum ela ter dificuldades de gerenciar sua vida.

Ao longo de toda a carreira, nós duas oscilamos no espectro da saúde mental. Fomos desde a superação, passando por algum meio-termo, até situações nas quais mal nos sustentávamos em pé. E uma coisa que aprendemos com nossas experiências é o quanto a ajuda administrativa importa.

Quando as chefias compreendem as questões ligadas à saúde mental – e sabem como reagir a elas –, podem fazer toda a diferença para um funcionário, tanto no nível profissional quanto no pessoal. Isso envolve estar atento, oferecer ajuda e dizer: "Estou aqui, conte comigo, você não está sozinho."

Foi exatamente isso que Jen falou quando um colega lhe contou que estava às voltas com a ansiedade. A situação havia chegado ao ponto de começar a influenciar o trabalho e os relacionamentos dele em casa. Ele a procurou porque ela havia falado com franqueza sobre as próprias lutas. Ela o ouviu, pesquisou os acordos que poderia lhe oferecer e lhe falou sobre os recursos disponíveis, como os programas de assistência ao funcionário. Em seguida, Jen continuou acompanhando o caso, a fim de verificar se ele estava recebendo o apoio de que necessitava e deixou claro que ela e outras pessoas estavam ali para ajudá-lo.

Como aprender ou ensinar a alguém da equipe a tratar as questões ligadas à saúde mental de colegas e subordinados da mesma forma? A seguir, cinco maneiras de as gerências ajudarem a criar uma cultura com mais empatia.

Preste atenção na linguagem

Todos nós precisamos estar conscientes das palavras que usamos e que podem contribuir para estigmatizar questões relacionadas à saúde mental: "O Sr. TOC ataca novamente – organizando tudo." "Hoje ela está completamente esquizofrênica!" "Essa semana ele está muito bipolar – uma hora está bem, na outra está pra baixo." Nós já ouvimos esses tipos de comentário, talvez até feitos por nós mesmos. Porém, aos ouvidos de um colega com problemas de saúde mental, podem soar acusatórios. Você falaria sem reservas sobre um distúrbio ou contaria ao chefe da equipe que precisa começar a terapia depois de ouvir palavras como essas?

Reavalie as faltas por motivos de saúde

Se alguém está com câncer, ninguém diz "Você tem que aceitar" ou "Não dá para aprender a lidar com isso?". As pessoas admitem que se trata de uma doença e que a pessoa precisa se afastar do trabalho para fazer o tratamento. Se você está com gripe, a gerência a manda para casa descansar. Ainda assim, poucas pessoas no mundo dos negócios reagem às explosões emocionais ou a outros indícios de estresse, ansiedade ou comportamento maníaco nos mesmos moldes. Nós precisamos nos sentir mais confortáveis com a ideia de sugerir e demandar dias reservados para tratar da saúde mental tanto quanto da física.

Estimule conversas abertas e honestas

É importante criar espaços seguros para que as pessoas conversem sobre seus próprios desafios, passados e atuais, sem medo de serem rotuladas de "instáveis" ou deixadas de lado no próximo grande projeto ou em uma promoção. Os funcionários não deveriam ter medo de ser julgados ou excluídos caso se abrissem dessa forma. As pessoas em posição de liderança podem dar o exemplo por meio do compartilhamento de suas próprias experiências, como nós fizemos, ou por meio de histórias de outras pessoas que já tiveram que lidar com problemas relacionados à saúde mental, conseguiram ajuda e retomaram carreiras de sucesso. E deveriam, também, estimular de modo explícito que todo mundo fale quando se sentir sobrecarregado ou quando estiver precisando de ajuda.

Seja uma pessoa proativa

Nem todo estresse é ruim, e as pessoas em carreiras muito estressantes geralmente se acostumam ou desenvolvem mecanismos para lidar com ele. Ainda assim, o estresse descontrolado e prolongado pode contribuir para piorar os sintomas de doenças mentais. Como as gerências podem garantir que seus funcionários consigam encontrar o equilíbrio adequado? Oferecendo acesso a programas, recursos e informações sobre gerenciamento do estresse e reforço da resiliência. Em nossa pesquisa de ambiente de trabalho focada na ocorrência de burnout entre os empregados, quase 70% dos participantes disseram que os patrões não faziam o suficiente para evitar ou aliviar o burnout. Os chefes precisam fazer um trabalho mais eficiente no que se refere a ajudar os funcionários a recorrer a esses recursos antes que o estresse gere problemas mais sérios.

Ensine as pessoas a perceber e a reagir

A maioria dos escritórios mantêm um kit de primeiros socorros disponível para o caso de alguém precisar de um curativo ou uma aspirina. Nós passamos também a treinar as pessoas no Mental Health First Aid (Primeiros Socorros em Saúde Mental), um programa nos Estados Unidos de abrangência nacional que aumentou a capacidade de alguém reconhecer os sinais de que uma pessoa pode estar enfrentando problemas de saúde mental e conectá-la aos recursos de apoio. Por meio de diálogos simulados e outras atividades, esses cursos oferecem orientação sobre como ouvir sem julgamentos, oferecer conforto e avaliar o risco de suicídio ou autoflagelação quando, por exemplo, um colega enfrenta um ataque de pânico ou reage a um evento traumático. Essas conversas podem ser difíceis, emocionalmente pesadas e necessárias a qualquer momento, portanto é importante estar preparado para elas.

Caso seus funcionários enfrentem algum problema de saúde mental, você vai querer que eles sejam capazes de se abrir e procurar ajuda. Essas cinco estratégias podem ajudar qualquer pessoa em cargo de chefia ou organização a criar uma cultura que interrompa a estigmatização da saúde mental.

Diana O'Brien se aposentou da diretoria global do escritório de marketing da Deloitte e atualmente é administradora e conselheira de negócios.

Jen Fisher é diretora de bem-estar da Deloitte nos Estados Unidos e é uma voz de destaque quando o assunto é bem-estar no ambiente de trabalho ou a importância da saúde mental e da conexão social na vida pessoal e profissional. É também coautora do livro best-seller *Work Better Together* (Trabalhe melhor em conjunto) e apresentadora do podcast *WorkWell*. Jen fala abertamente sobre sua luta na superação do esgotamento e no enfrentamento da ansiedade, com o intuito de ajudar a reduzir o estigma em torno da saúde mental no trabalho.

Capítulo 11
Quando um funcionário compartilha um problema de saúde mental

Amy Gallo

Quando um de seus subordinados tem coragem para lhe procurar e falar sobre um problema de saúde mental, é fundamental reagir de maneira adequada. É importante que a pessoa saiba que você valoriza esse compartilhamento e que nem a posição dela na empresa nem sua impressão sobre ela estão em jogo. Ao mesmo tempo, é preciso calcular o impacto, se houver algum, que isso terá na equipe e na carga de trabalho. O que dizer de

---

Adaptado do conteúdo publicado em hbr.org, 23 de fevereiro de 2021.

imediato? O que perguntar? Como decidir quais acordos, se for o caso, devem ser feitos?

O que dizem os especialistas

É importante não esquecer que o funcionário deve ter superado um medo considerável até conseguir falar com você sobre o tema. "Ao tocar no assunto, a pessoa fez algo difícil e arriscado. Na maioria dos casos, uma longa reflexão é necessária para tomar a decisão", diz Kelly Greenwood, fundadora e CEO da Mind Share Partners, organização sem fins lucrativos voltada à transformação da cultura da saúde mental no ambiente de trabalho. "A decisão de se abrir é complexa", observa Susan Goldberg, integrante do corpo docente do doutorado da Fielding Graduate University, e depende da "situação pessoal do indivíduo, daquele empregador específico e de aspectos sociais". Portanto, é importante lidar com essas interações da forma correta. A boa notícia é que elas podem vir a ser conversas produtivas, desde que alguns conselhos sejam seguidos.

Agradeça por terem lhe contado

Comece por reconhecer o esforço necessário para que a pessoa tenha ido conversar com você. "Se nada mais acontecer na primeira conversa, ao menos tenha certeza de ter agradecido pelo compartilhamento", diz Greenwood. Mas não valorize demais a situação. O objetivo é normalizar o assunto o máximo possível. Ela diz que, ainda que seja sua primeira vez em uma conversa desse tipo, elas acontecem o tempo todo. "Sua reação não deve passar a ideia de que 'Esse é um assunto muito sério', uma vez que isso pode aumentar o constrangimento ou o medo em relação ao futuro", afirma ela. Goldberg também alerta para uma reação demasiadamente emocional. "Você não quer que a pessoa precise lidar com a sua reação." A reação deve ser compatível com o relacionamento profissional de vocês. "Esse não é o momento de agir como um amigo ou amiga, caso não exista um relacionamento próximo, de muita confiança. Tampouco você deve se distanciar, se, até esse momento, vocês mantinham uma relação mais próxima", orienta ela. Em outras palavras, trate a pessoa e a conversa da mesma forma que fazia no passado.

Ouça

Dê à pessoa espaço para que ela diga o que quiser e para que exponha suas necessidades em termos de flexibilização ou acordos. "Ouça com atenção, com a mente aberta e sem julgamentos", diz Greenwood. Preste atenção nos sinais não verbais. "Se você adotar uma postura inquieta ou desconfortável, vai desencorajá-la, porque isso passa a mensagem de que você não quer conversar", ressalta. Você pode adotar uma atitude de quem tem interesse no assunto, mas evite fazer um monte de perguntas, em especial perguntas que demandem que a pessoa revele mais informações do que o necessário. Por exemplo, "não é necessário saber o nome do distúrbio que ela está enfrentando", afirma Goldberg, ou há quanto tempo ela tem o problema. Deixe que a pessoa conduza a conversa e decida o quanto quer compartilhar.

Diga que você quer oferecer apoio – mas não faça promessas inviáveis

É tentador dizer à pessoa (especialmente se ela apresenta alto desempenho) que você fará o que for preciso para ajudá-la, mas é melhor ir com calma. É possível que o objetivo da conversa seja apenas tornar a chefia consciente do problema e que ela não precise de nenhum ajuste na carga de trabalho ou no horário. Não tire conclusões precipitadas. Caso ela solicite um afastamento ou alterações na agenda, tenha cuidado para não fazer promessas demais. Em vez disso, deixe claro que sua intenção é resolver a situação em conjunto. Por exemplo, diga coisas como: "Eu espero ter deixado claro que você é uma pessoa importante na equipe e nesta empresa. Vamos resolver isso juntos." Não é necessário ter todas as respostas disponíveis de imediato na primeira conversa. Permita-se não dispor da resposta perfeita e descubra o que é possível fazer. Greenwood sugere que você diga "Muito obrigado(a) por me contar. Eu preciso de um tempo para pensar no assunto, e nós voltaremos a conversar no dia X". Deixe claro quando será o próximo encontro, de modo que a pessoa não precise se preocupar com isso.

Não desvie a atenção para si

Talvez você ou alguém próximo já tenha passado por situação parecida, mas a conversa não é sobre você. Lembre-se de que "todo mundo é diferente quando se trata de como os distúrbios se manifestam. Minha ansiedade é diferente da ansiedade de outra pessoa", ressalta Greenwood, e "você não pode partir do pressuposto de que entende a situação pela qual a pessoa está passando ou o quanto o problema está afetando o trabalho dela". Dito isso, às vezes, o compartilhamento de uma história pessoal pode ajudar a normalizar o assunto. Caso você tenha com a pessoa o tipo de relacionamento no qual histórias pessoais são compartilhadas, assegure-se de que o que você vai contar traga uma mensagem positiva. Não mencione alguém que nunca se recuperou ou que teve que sair do emprego, tampouco minimize a experiência ao insistir que tudo vai ficar bem só porque foi isso que aconteceu com você ou com outra pessoa.

Mantenha a conversa em sigilo

Diga à pessoa que você fará todo o esforço possível para honrar a privacidade, mas que pode ser necessário conversar com o RH. Caso a pessoa se sinta desconfortável com isso ou fique preocupada com algum registro nos arquivos profissionais, você pode dizer "talvez eu precise contar a eles, mas posso falar em termos genéricos, sem mencionar seu nome, a princípio". Greenwood afirma que pode ser útil explicar ao funcionário ou funcionária o porquê de ser necessário conversar com o RH. Isso inclui garantir as proteções legais às quais a pessoa tem direito, a fim de evitar discriminação, bem como assegurar o acesso a todos os recursos da empresa e a possíveis acordos. Ela observa, ainda, que, dependendo de onde se mora, a lei pode exigir que a gerência comunique ao RH sempre que alguém revelar um problema de saúde mental, mesmo que a pessoa não tenha solicitado qualquer acordo. Caso você não tenha certeza de quais são os regulamentos, sinta-se à vontade para conversar com o RH sem mencionar o nome do funcionário.

Sempre que possível, porém, mantenha a informação sigilosa. "Existe a tentação de falar sobre o assunto, em busca de apoio emocional para si, ou com o intuito de explicar o porquê de eventuais mudanças no trabalho. No entanto, essa atitude não é correta, a não ser que a pessoa lhe tenha concedido permissão expressa para tal", alerta Greenwood. Em alguns casos, o funcionário pode dar permissão ou até pedir que você conte o fato a alguém. Se isso ocorrer, certifique-se de deixar muito claro que o funcionário pediu que você tocasse no assunto com outras pessoas, de modo que ninguém fique pensando que você está traindo a confiança dos funcionários da empresa.

Considere as mudanças possíveis

Há uma variedade de coisas que o funcionário pode querer ou de que pode precisar com o intuito de cuidar da própria saúde mental. Talvez isso inclua manter um horário de trabalho diferente, trabalhar só ou em grupo, faltar ao trabalho a fim de realizar consultas médicas ou ter direito a "dias de saúde mental" ocasionais. O fato de ser ou não possível atender a essas solicitações costuma depender das diretrizes existentes na empresa. Greenwood diz que é importante que as gerências entendam a diferença entre acordos, que são exceções formais e pontuais às diretrizes abertas para um funcionário específico diante de determinado quadro, e adaptações, que são ajustes proativos que você pode fazer para todo mundo que esteja submetido às diretrizes da empresa, como horários flexíveis. Caso precise fazer acordos com um funcionário, é fundamental envolver o setor de RH (voltaremos a falar disso), que estará familiarizado com as leis locais e nacionais que determinam quais medidas são legalmente viáveis.

Algumas das mudanças feitas no horário ou na carga de trabalho podem ter impacto sobre outros membros da equipe, e você precisará decidir "o que dizer aos funcionários que perguntarem por que aquela pessoa chega mais tarde ao trabalho ou recebe um tratamento diferenciado", lembra Goldberg. Ela sugere que sempre sejam dadas respostas simples e diretas. Por exemplo, é possível dizer "Trata-se de um acordo" ou "Nós montamos um horário diferente". Converse com o funcionário a fim de verificar como ele gostaria que você tratasse essas questões levantadas pelos colegas.

Peça ajuda

A pessoa procurou você porque você é chefe dela. "Não lhe cabe agir como terapeuta, médico ou advogado", afirma Greenwood.

Não ofereça conselhos jurídicos ou relacionados à saúde. E não tente resolver tudo por conta própria. Sempre que possível, trabalhe em conjunto com o RH a fim de encontrar soluções viáveis – e diga à pessoa que é assim que você agirá. "A situação ideal, caso um acordo seja necessário, é que você construa uma solução em conjunto com o RH e com o funcionário", diz. "Espera-se que o RH seja capaz de lhe fornecer um 'menu de opções' do que já funcionou em casos passados." Não espere que o funcionário ofereça essas opções, a não ser que a pessoa assim deseje. Greenwood afirma que, quando ela revelou a própria ansiedade a uma chefia anterior, "não estava em condições de elaborar nada".

Em empresas pequenas, ou naquelas sem um departamento de RH muito atuante, talvez caiba a você decidir o que fazer. A pesquisa de Goldberg mostra que as empresas menores têm a capacidade de oferecer maior flexibilidade. Por outro lado, "a situação pode ser mais desafiadora, uma vez que você talvez não tenha condições de atender às solicitações do funcionário".[18]

Lance mão de outros recursos, quando disponíveis

Talvez haja outros recursos na empresa aos quais você possa recorrer. "Temos visto cada vez mais grupos de recursos de funcionários voltados a questões de saúde mental, geralmente criados por empregados em início de carreira", observa Greenwood. Você pode sugerir que a pessoa procure esses grupos, caso eles existam na instituição. (Verifique o capítulo 20 para mais informações.) Você pode, ainda, oferecer qualquer benefício relativo à saúde mental disponível, como terapia ou aplicativos de meditação. Caso não tenha acesso a esses recursos, é possível sugerir o contato com um programa de assistência ao empregado, tendo em mente que nem todo programa de assistência é de boa qualidade e, ainda que alguns deles possam ter um papel importante no apoio aos funcionários, não são suficientes para resolver o problema. O tratamento clínico deve ser deixado por conta de um profissional, mesmo que você seja responsável, estando na posição de gerente, pelas condições da pessoa no trabalho.

Mantenha-se acessível

Em um mundo ideal, todos trabalharíamos com uma chefia com a qual nos sentíssemos à vontade para conversar sempre que precisássemos de ajuda a fim de equilibrar trabalho e saúde mental. Embora, infelizmente, esse nem sempre seja o caso, você pode, dando o exemplo, aumentar a probabilidade de as pessoas lhe procurarem. Greenwood enfatiza a importância de líderes e gerências conversarem com franqueza sobre o assunto. "Não é necessário falar do próprio problema de saúde mental, caso você enfrente um, mas é possível falar de um filho com problemas para dormir ou de preocupações com o burnout. É importante mostrar que gerentes são falíveis e humanos", diz ela. Mostrar-se vulnerável dá às pessoas uma pequena abertura, de modo que, por sua vez, elas se sintam mais confortáveis com o próprio compartilhamento. E, caso você ocupe uma posição de poder, compartilhar sua experiência pessoal com a saúde mental, seja tratando diretamente do assunto ou, digamos, deixando claro que a agenda está fechada para que você possa ir à terapia, pode fazer muito pela normalização da discussão do tema na empresa, além de demonstrar que é possível ter sucesso na carreira ainda que se enfrente um problema de saúde mental.

Estudo de caso: seja flexível, se possível

Jimmy McMillan, dono da Heart Life Insurance, suspeitou que uma de suas funcionárias, uma gerente de processos, estava com problemas. Ela era responsável pelo processamento de documentos, atendimento ao cliente e levantamento de registros em consultórios médicos. "Na maior parte do tempo, ela era fantástica", diz Jimmy, e chegava a estender a jornada com o intuito de concluir trabalhos importantes. Entretanto, havia dias em que "ninguém conseguia localizá-la ou contatá-la por telefone, mensagens ou e-mail. Era estranho. Ela simplesmente desaparecia".

Quando ela se ausentava dessa forma, o restante da equipe precisava trabalhar mais. Jimmy sabia que alguma coisa estava acontecendo, mas não tinha certeza do que se tratava. Em uma sessão corriqueira de verificação de desempenho, Jimmy decidiu tocar no assunto. "Foi uma conversa delicada", conta. Ele foi direto ao ponto, falando do que vinha observando, e fez perguntas relativas às faltas, sem sugerir nada ou forçá-la a compartilhar informações pessoais. "Eu disse alguma coisa do tipo: 'Nós gostamos de você, e seu trabalho é fantástico; mesmo assim, de vez em quando, a coisa parece não funcionar. Sua frequência é instável, e nem sempre a gente consegue contato com você. Está tudo bem?'" Ela então lhe confidenciou que sofria de transtorno bipolar tipo 1 e que estava se consultando com um psiquiatra. A funcionária explicou que, às vezes, as alterações na medicação levavam a oscilações de humor e que havia dias em que ela não conseguia se manter funcional. Por isso, as faltas.

Jimmy não sabia quase nada sobre o distúrbio. "Eu sabia o suficiente sobre saúde mental para calcular o valor de uma apólice de seguro de vida, mas minha experiência era toda de ouvir outros falarem. Eu não sabia o básico sobre como encarar ou gerenciar [alguém com transtorno bipolar]." Então, ele decidiu pesquisar um pouco. "Eu li o máximo que consegui na internet e conversei sobre o assunto com psiquiatras e terapeutas, uma vez que nossos caminhos profissionais se cruzavam."

Como essa funcionária era excelente no trabalho, ele queria

resolver o problema. "Eu permiti que ela se ausentasse com avisos de última hora: bastava enviar um e-mail simples de uma linha", explica Jimmy. Ele conseguia gerenciar o fluxo de trabalho durante as ausências dela. "Nós passamos a usar um software de gerenciamento de projetos que me permitia transferir as tarefas dela para outra gerente de casos. Quando ela se sentia apta a voltar ao trabalho, bastava que lhe transferíssemos as tarefas outra vez e seguíssemos em frente."

Jimmy afirma que o fato de ela ter compartilhado o problema tornou muito mais fácil o gerenciamento das faltas. E, ao verificar o tempo de ausência na empresa, viu que ela não faltava mais do que os outros membros da equipe. Além disso, "ela sempre compensava as ausências, mesmo que eu não lhe pedisse para fazer isso", diz.

Depois de um tempo, ela acabou saindo da empresa para trabalhar em uma firma de advocacia, na qual receberia um salário maior. Jimmy lamentou a saída: "Eu a contrataria de novo, sem pestanejar." Jimmy afirma que aprendeu uma lição valiosa com a experiência: "A doença mental deve ser tratada com a mesma consideração e generosidade que concedemos a qualquer doença grave."

Amy Gallo é editora colaboradora da Harvard Business Review e autora do *HBR Guide to Dealing with Conflict at Work and Getting Along* (Guia para lidar com conflitos no trabalho e se dar bem). Os anos de terapia moldaram seu entendimento sobre dinâmica interpessoal entre colegas de trabalho e a ajudaram a lidar melhor com o estresse e a ansiedade no ambiente profissional. Você pode segui-la no Twitter: @amyegallo.

Capítulo 12
Como se informar sobre a saúde mental da equipe sem invadir espaços

Deborah Grayson Riegel

Na melhor das hipóteses, falar de saúde mental no trabalho pode ser arriscado; na pior, assustador. Por outro lado, o silêncio pode gerar um círculo vicioso – quanto menos se fala, mais cresce o estigma. Para quebrar esse ciclo, as gerências devem lidar com a saúde mental de maneira proativa, com estratégia e planejamento.

Diante dos funcionários, é sua responsabilidade criar um ambiente aberto, inclusivo e seguro que faça com que todos se sintam à vontade no trabalho. Pessoas em posições de liderança, em todos os níveis, precisam colocar o tema da saúde mental em pauta – falar dele, convidar outros a falar e se empenhar em

---

Adaptado de "*Talking About Mental Health with Your Employees – Without Overstepping*" em hbr.org, 3 de novembro de 2020.

desenvolver recursos e planejamentos voltados aos empregados. Agir dessa forma aumenta a probabilidade de os colegas se sentirem mais felizes, mais confiantes e mais produtivos.

Como começar a conversar sobre um assunto que pode fazer até o mais corajoso dos líderes temer a invasão do espaço alheio? A seguir, três possibilidades.

Fale sobre a saúde como um todo

Talvez você pergunte a um colega como anda a dor nas costas que surgiu quando ele passou a trabalhar de casa. Da mesma maneira, é provável que você também faça perguntas a respeito do tendão que seu companheiro de equipe rompeu em uma corrida recente. É possível até que você compartilhe informações atualizadas sobre suas alergias sazonais ou sobre aquela indigestão. Ao perguntar sobre a saúde de alguém, lembre-se de perguntar também como anda a saúde mental. Pode ser algo simples, como: "Parece que você melhorou das costas, hein? Que boa notícia. E como andam as coisas por esses dias? Eu sei que você tem enfrentado muito estresse." (E, então, pare de falar.)

O fato de você também se dispor a compartilhar os próprios conflitos ajuda, porque normaliza a discussão. Você pode tentar com algo assim: "Minhas alergias não me deixam dormir – nem a minha ansiedade. Como é difícil ter uma boa noite de sono quando a gente está preocupado com [alguma coisa com a qual você esteja lidando no momento]. E você? O que tira seu sono?" (E, então, mais uma vez, pare de falar.) É importante observar que, caso você não tenha tido uma conexão próxima com determinado funcionário no passado, o relacionamento pode ter pouco a oferecer em termos de segurança psicológica. Para começar a estabelecer essa segurança, avance devagar. Diga algo como: "Sei que a gente não costuma falar de coisas de fora do trabalho, mas, para mim, o trabalho e a vida lá fora andam se misturando nos últimos tempos. Tem sido assim com você também?"

Não tente resolver os problemas das pessoas

Profissionais em posição de liderança costumam ter sucesso em situações difíceis e na solução de problemas complexos. No entanto, as pessoas não gostam de ser "consertadas"; portanto, não tente. Uma pessoa da empresa que acredita que você a vê como alguém com defeito pode temer que você não a considere um profissional capaz ou confiável, o que pode comprometer a autoconfiança e a competência dela. Aproxime-se dos colegas com a ideia de que eles são pessoas talentosas, capazes e que podem precisar de apoio, mas não necessariamente de soluções. Sua intenção é ser uma *ponte* para os recursos, não o recurso em si.

Caso alguém revele que está com problemas, experimente dizer:

- "O que mais ajudaria você neste momento?"

- "Como posso aliviar as coisas para você?"

- "Como posso ajudar sem invadir seu espaço?"

- "Vamos conversar sobre os recursos disponíveis aqui e sobre o que mais você precisar."

- "Já passei por coisa semelhante. E eu sei que não se trata de mim, mas estou disposto(a) a compartilhar minha experiência com você, se e quando isso for útil."

Ouça de verdade

O especialista em finanças Bernard Baruch disse: "A maioria das pessoas de sucesso que conheci ouve mais do que fala." Mas não basta ouvir; é preciso ouvir bem. E isso nem sempre é fácil, em especial quando nossos próprios julgamentos, preocupações, distrações e inclinações entram em cena.

Se você quer criar um ambiente no qual os funcionários se sintam ouvidos, respeitados e cuidados, siga estes passos:

- Deixe claro para si e para os colegas que a intenção da escuta é ajudar.

- Evite julgamentos (direcionados a si e à outra pessoa), ficando atento a quando um pensamento de "aprovação/reprovação" passar pela cabeça. Deixe que passe ou livre-se dele de modo consciente.

- Mantenha o foco na pessoa e na experiência dela, certificando-se de separar sua própria história da dela.

- Preste atenção no tema geral, como isolamento social ou problemas financeiros, e não mergulhe nos detalhes; isso pode distrair a atenção do quadro principal que está envolvendo a pessoa. Uma vez que seu papel é oferecer apoio, e não resolver os problemas, não é necessário entrar em detalhes.

- Ouça com os olhos além das orelhas. Observe as alterações na expressão facial que podem oferecer pistas do que a pessoa está sentindo de fato – e que pode ser diferente do que ela diz.

- Admita que, ao começar a pensar "O que devo fazer?", você parou de ouvir.

- Informe à pessoa se houver algo que esteja comprometendo sua capacidade de ouvi-la com a atenção devida, seja um e-mail urgente, um filho demandando atenção imediata ou seu próprio estresse, e se ofereça para reagendar a conversa em um horário no qual você realmente possa atendê-la.

Como embaixatriz da Organização Mundial da Saúde, Liya Kebede afirmou: "Ajudar outra pessoa não é uma tarefa, é uma das maiores dádivas que existem." A disposição de iniciar uma conversa franca sobre saúde mental com os funcionários de sua empresa é exatamente o tipo de dádiva que tantas pessoas esperam e precisam de suas chefias.

Deborah Grayson Riegel é palestrante, conselheira executiva e consultora que ensina comunicação de liderança na Wharton Business School, no Programa de Liderança Feminina da Columbia Business School e no MBA Internacional de Pequim da Universidade de Pequim. Ela é coautora de *Go to Help: 31 Ways of Offer, Ask for, and Accept Help* (Busque ajuda: 31 maneiras de oferecer, pedir e aceitar ajuda) e de *Overcoming Overthinking* (Superando o pensamento excessivo), ambos escritos com a filha Sophie, ativista de saúde mental. Deborah sofre de transtorno obsessivo-compulsivo, ansiedade generalizada e transtorno de tiques e se sente muito feliz por ter atingido o bem-estar mental, apesar dos problemas que enfrenta.

Capítulo 13
Como lidar com um funcionário com depressão

Kristen Bell DeTienne, Jill M. Hooley, Cristian Larrocha e Annsheri Reay

A depressão é a principal causa de afastamento do trabalho no mundo. Um em cada cinco estadunidenses tem a saúde mental afetada, sendo a depressão o problema mais comum.[19] Um relatório de 2019 produzido pela empresa Blue Cross Blue Shield revelou que os diagnósticos de depressão estão aumentando em ritmo maior entre os millenials e adolescentes do que entre os membros de qualquer outra geração.[20] Levando-se tudo isso em conta, estima-se que o distúrbio custe 44 bilhões de dólares por ano em perda de produtividade, apenas nos Estados Unidos.[21]

Ainda assim, a despeito desse imenso e crescente dano, muitos empregadores adotam uma abordagem improvisada ao lidar com a depressão dos funcionários. Muitos gerentes só se dão

---

Adaptado de "How to Manage an Employee with Depression," publicado em hbr.org, 15 de janeiro de 2020.

conta das questões relacionadas à saúde mental quando investigam o porquê de um membro da equipe apresentar um desempenho tão ruim. Teríamos um cenário melhor se os funcionários se sentissem encorajados a relatar um problema de saúde mental e a solicitar um acordo razoável, de modo que as gerências pudessem intervir com o intuito de minimizar o dano à empresa e contribuir para a recuperação dos funcionários.

A seguir, um guia para gerentes sobre como negociar acordos de trabalho com indivíduos que estejam enfrentando a depressão.

Entenda o problema

É mais simples pensar que um funcionário com depressão procuraria primeiro o setor de RH para falar de acordos, mas é provável que um membro da equipe (ou um dos colegas dele) fale antes com você.

Uma vez que é possível que um funcionário queira conversar com você, sem aviso prévio, é preciso estar preparado de antemão e aprender um pouco sobre a depressão e seus sintomas. Eles incluem falta de interesse, diminuição da energia, sentimentos de baixa autoestima ou sensação de falta de controle, transtornos do sono e dificuldade de concentração.

Ao entender os sintomas da depressão, você será capaz de prever problemas no desempenho e antecipar os tipos de acordo que um empregado pode vir a requisitar.

Permita um horário flexível

Para muitas empresas, um horário de trabalho comum significa estar no escritório das nove da manhã às seis da tarde. No entanto, de vez em quando, um funcionário deprimido pode lhe pedir para chegar ao trabalho mais tarde. Problemas com o sono são comuns na depressão e podem fazer a pessoa perder a hora, além de ter dificuldade de adormecer ou de permanecer dormindo. Ajudar um funcionário a ajustar o horário de trabalho, portanto, é um acordo razoável. Décadas de pesquisas sugerem que horários de trabalho flexíveis de fato aumentam a produtividade, o compromisso com a empresa e os índices de permanência no emprego.

No entanto, caso você permita horas flexíveis, pesquisas ressaltam duas recomendações.[22] Em primeiro lugar, caso necessário, estabeleça uma janela de "horas essenciais" ou "dias essenciais" nos quais todos os membros da equipe devam estar presentes no escritório. As pessoas que lidam com a depressão se beneficiam de uma rotina estruturada, porém costumam ter dificuldades em estabelecê-la por conta própria. Você pode ajudar facilitando o processo de um jeito sensível e responsivo. Em segundo lugar, não deixe que os funcionários com depressão parem de interagir com você ou com outros membros da equipe. Esteja atento ao afastamento por parte do funcionário. Manter-se à distância dos demais apenas exacerba a sensação de isolamento que as pessoas deprimidas já experimentam.

Quando deixadas sozinhas, essas pessoas tendem a ruminar os efeitos negativos do problema, o que piora a situação. Se suspeitar que isso está acontecendo, verifique. O fundamental aqui é aproximar-se com solidariedade e sem julgamentos. As pesquisas sugerem que os relacionamentos sociais no trabalho podem atuar como mediadores contra a depressão e que relacionamentos mais sólidos com as gerências e os colegas podem diminuir os efeitos da doença.

Simplifique o escopo do trabalho

É possível que os funcionários com depressão afirmem que a carga de trabalho lhes parece esmagadora ou complicada. A depressão pode afetar as funções cognitivas, que podem ser afetadas também pela falta de sono.

Como gerente, você pode ajudar desmembrando um projeto grande em várias tarefas menores. O benefício de atribuir tarefas mais simples e maleáveis é propiciar experiências de sucesso mais frequentes aos funcionários.

A depressão está associada a uma diminuição no processamento de recompensas. Enquanto gerente, quanto mais você age com o intuito de ressaltar o sucesso, melhor. Vitórias sucessivas ao longo do tempo criam novas e mais frequentes experiências positivas de trabalho. Isso influencia o modo como a pessoa percebe o ambiente e aumenta as expectativas positivas. Essas "vitórias" aumentam a confiança da pessoa em sua capacidade de cumprir as futuras tarefas que lhe forem atribuídas.

Estabeleça os prazos conforme a necessidade

Ter muitos prazos pode parecer desafiador para qualquer pessoa. Além disso, alguém com depressão costuma ter baixa expectativa quanto à própria habilidade de lidar com eventos estressantes futuros.

Ao estabelecer prazos, comunique apenas o necessário. Sim, um gerente de projetos precisa ver a linha do tempo de todo o projeto. Mas, para um especialista da equipe, principalmente alguém com depressão, uma linha do tempo completa é capaz de exacerbar fatores de estresse e emoções negativas.

Como gerente, ao desmembrar projetos maiores em suas partes

componentes, você pode ajudar um subordinado com depressão. Ao estabelecer prazos mais curtos, você reduz as emoções negativas porque limita os fatores estressantes, permitindo aos funcionários enxergar os projetos como tarefas menores e mais manejáveis, o que, segundo as pesquisas, cria maiores níveis de adesão ao trabalho e maior produtividade. Como já observamos, essa abordagem pode ainda proporcionar uma sensação de tomada de atitude, algo que costuma ficar comprometido no contexto da depressão.

Mantenha o foco nos resultados positivos e faça menos críticas

Pessoas deprimidas podem ter uma autocrítica muito severa. Em vez de ressaltar as falhas, mantenha o foco no apoio e na celebração dos momentos de sucesso, como o cumprimento de um prazo. Além disso, pesquisas mostram que quando as pessoas são corrigidas por alguém que elas consideram um crítico feroz, há uma redução da capacidade de ativar os neurocircuitos que controlam as emoções negativas.

A motivação dos funcionários deprimidos despenca diante de ameaças e punições. Pesquisas sugerem que explicar a real necessidade do serviço como ferramenta de motivação é muito mais eficiente do que compartilhar o prejuízo de um projeto não concluído. Delinear as tarefas em termos de benefícios e importância aumenta os atrativos perceptíveis e fortalece a motivação intrínseca dos funcionários.

Caso a pessoa continue a deixar a peteca cair, é possível que você sucumba à tentação de designá-la para o cumprimento de tarefas subalternas ou de penalizá-la com serviços excepcionalmente difíceis que a forcem a trabalhar mais duro. Na verdade, talvez ela tenha a impressão de já estar trabalhando em um desses cenários.

Certifique-se de designá-la para tarefas que levem em consideração seu nível atual de funcionalidade – o que deve mudar ao longo do tempo à medida que a depressão também mudar. Por causa disso, a flexibilidade por parte da gerência é fundamental. Verifique com regularidade os funcionários a fim de se certificar de que as tarefas estão condizentes com a capacidade do momento.

Além disso, conheça os pontos fortes dos funcionários e lance mão deles. Caso tenham a impressão de que as tarefas foram projetadas para eles, os funcionários estarão mais propensos a considerá-las importantes, a concluí-las com rapidez e a experimentar uma sensação de validação.

Esse método pode ter benefícios imediatos e de longo prazo, uma vez que pesquisas revelam que, quando as pessoas consideram as tarefas úteis e projetadas sob medida para suas habilidades, demonstram mais interesse e enfrentam níveis menores de depressão a longo prazo.[23]

Seja líder

Lidar com a depressão é difícil não só para a pessoa deprimida, mas também para aqueles com quem ela interage. Portanto, fique atento ao modo como a interação com a pessoa deprimida faz você se sentir. A situação lhe causa raiva, frustração ou a sensação de perda de poder? Em caso positivo, lembre-se de que a pessoa deprimida está lidando com sintomas que fazem de cada dia uma batalha. O foco não está em você. O foco está na forma como você, na posição de gerente, pode se fazer presente e ajudar o funcionário. Lembre-se de que a depressão é uma doença. Na maioria dos casos, é também uma situação temporária. Ao ajudar um subordinado deprimido, você ajuda o empregado, a equipe, a empresa e demonstra forte liderança.

Kristen Bell DeTienne é professora na Marriott School of Management da Universidade Brigham Young, onde ministra aulas no MBA de negociação. Sua pesquisa investiga o comportamento interdependente de funcionários, líderes e usuários externos (como os clientes) das corporações. Como consultora, trabalhou com uma variedade de organizações, incluindo Cisco, Vivint, eBay e Zions Bancorp.

Jill M. Hooley é professora de psicologia na Universidade de Harvard, onde também é coordenadora do programa de psicopatologia experimental e psicologia clínica.

Cristian Larrocha é conselheiro de talento e cultura na Dell Technologies, com foco no desenvolvimento de lideranças. Cursou MBA na Universidade Brigham Young e trabalhou com estratégia e operações de RH na HP, na Vivint Smart Home e na Dell Technologies.

Annsheri Reay é pesquisadora na Marriott School of Business da Universidade Brigham Young.

Capítulo 14
Ansiedade quando você é o chefe

Morra Aarons-Mele

A ansiedade tem um propósito. Ela nos protege. Em 1977, o psicólogo Rollo May escreveu: "Não somos mais presas de tigres ou mastodontes, mas dos danos à nossa autoestima, do ostracismo em relação a um grupo ou da ameaça de perder nas batalhas da competição. O tipo de ansiedade mudou, ainda que a experiência permaneça relativamente a mesma." Em outras palavras, ainda que os humanos não sejam mais perseguidos por predadores, somos perseguidos pelas incertezas em torno da saúde daqueles que amamos, da dúvida se teremos ou não um emprego na semana ou no ano que vem, da possibilidade de nossa empresa falir, preocupações que provocam as mesmas reações neurológicas e físicas.

A boa notícia para os que sofrem com ansiedade há muito tempo é que podemos usá-la a nosso favor. Os dados mostram que pessoas ansiosas processam as ameaças de maneira diferente,

---

Adaptado de "Leading Through Anxiety", publicado em hbr.org, 11 de maio de 2020.

usando regiões do cérebro responsáveis pela ação. Nós reagimos com rapidez diante do perigo. Podemos também nos sentir mais confortáveis diante de sentimentos desconfortáveis. Uma vez canalizada da forma adequada, a ansiedade é capaz de nos motivar a tornar nossas equipes mais habilidosas, produtivas e criativas. Ela pode derrubar obstáculos e estabelecer novos vínculos. Entretanto, quando a deixamos sem controle, a ansiedade nos distrai, suga nossa energia e nos leva a tomar decisões ruins. Trata-se de uma inimiga poderosa, então é preciso trazê-la para o nosso lado.

Se você é gerente, como pode lidar com autoridade e força enquanto enfrenta a ansiedade? Como inspirar e motivar os outros quando a mente e o coração estão acelerados? E para onde vai o medo quando você o esconde, em uma tentativa de manter a aparência de líder? Com o objetivo de responder essas perguntas, vamos examinar um processo de quatro etapas: identificar a ansiedade, tomar uma atitude a fim de gerenciá-la, limitar seu impacto sobre a liderança e estabelecer uma infraestrutura de apoio.

Reconheça e aceite suas emoções

Um mecanismo de defesa comum entre líderes é forçar a convivência com o estresse, a fadiga e o medo. No entanto, isso significa ter sucesso *apesar* das emoções, quando é muito melhor prosperar *por causa* delas. É preciso aprender a aceitar a ansiedade, ainda que isso possa parecer desconfortável ou contraintuitivo.

Nomeie o que está sentindo

Angela Neal-Barnett, psicóloga premiada, especialista em ansiedade entre pessoas negras e autora de *Soothe Your Nerves* (Acalme seus nervos), acredita que a pessoa deve ser honesta consigo mesma. Ao nomear uma sensação – dizendo para si "Estou ansioso" –, é possível começar a encarar o problema. Você pode perceber o modo como a ansiedade molda seu comportamento e suas decisões e o que a faz surgir, e isso vai fornecer as ferramentas com as quais gerenciá-la.

Ninguém precisa ouvir suas palavras. Esse momento é só seu. Permita-se sentir o desconforto do medo e da ansiedade. Imagine os piores cenários. Deixe que a imaginação descambe para a catástrofe. Enfrentar esse desconforto pode não ser fácil, mas valerá a pena. Décadas de pesquisas em inteligência emocional mostram que pessoas que entendem as próprias emoções têm mais satisfação no trabalho, melhor desempenho e melhores relacionamentos; são mais inovadoras; e são capazes de sintetizar opiniões diversas e de abrandar conflitos. E tudo isso faz das pessoas líderes melhores.

Banque o detetive

Uma vez que você tenha nomeado a ansiedade, pode começar a identificar quando e por que ela se manifesta. Os gatilhos podem ser ínfimos. Determinado nome na caixa de mensagens pode gerar um frio na barriga ou uma centelha de apreensão. Às vezes, os gatilhos podem ser maiores. Quando o mercado financeiro entra em crise, talvez você se preocupe com a forma como isso afeta seus investimentos para a aposentadoria e a capacidade de garantir o futuro da família.

Quando uma interação ou uma situação deflagra a ansiedade, investigue por que e como você reage ao gatilho. Chamo essas reações ansiosas de "indícios". A assistente social e terapeuta Caroly Glass sugere que a pessoa se pergunte: "Como reagi à ansiedade naquele momento? Aquele comportamento foi ou não útil? Ele alimentou ou aliviou minha ansiedade?" Glass afirma que o hábito de registrar os medos por escrito ajuda a examiná-los.

Muitos líderes de sucesso reagem à ansiedade trabalhando mais e mais. Seus indícios podem ser físicos. A ansiedade pode se manifestar por meio de um aperto no peito, respiração curta, tensionamento dos músculos do maxilar, rigidez nos ombros, sintomas gastrointestinais, irritações na pele, alterações no apetite e mudanças radicais nos níveis de energia. Preste atenção nas suas reações específicas.

Diferencie o provável do possível

Uma vez que você tenha compreendido os gatilhos e os indícios, pode começar a desenvolver um novo relacionamento com a ansiedade.

Lembre-se, certo grau de ansiedade é algo racional e útil. Faz todo sentido uma pessoa em posição de liderança se sentir ansiosa durante uma crise econômica. Pode ser necessário demitir funcionários. A empresa pode quebrar. No entanto, a pessoa pode se descobrir atrelada a um ciclo de pensamentos negativos que a impede de seguir em frente, e ela começa a ficar obcecada.

Então, o que fazer para evitar a sensação de imobilização? Nesse aspecto, sigo o conselho de Jerry Colonna, mentor em liderança e CEO da Reboot: "Diferencie o provável do possível. É *possível* que todo mundo que eu amo morra em uma pandemia e que eu perca tudo que me é caro. Mas não é *provável* que tudo o que a gente ama e valoriza desapareça." Tente distinguir os piores medos daquilo que tem probabilidade de acontecer. Isso ajuda a acalmar e abre espaço para que a pessoa siga em frente. Portanto, quando um pensamento catastrófico passar pela sua cabeça, como "Vou estragar esse projeto e ser demitido", lembre-se de que, quando a ansiedade bate, você é um narrador nada confiável. Consulte alguém de confiança e peça ajuda para separar a probabilidade da fantasia.

Como agir no gerenciamento da ansiedade

Uma vez que a pessoa tenha cumprido essas três tarefas, ela pode começar a gerenciar a ansiedade de forma satisfatória, crescendo enquanto líder e se tornando mais habilidosa e produtiva.

As táticas a seguir podem fornecer uma boa base.

Controle o que for possível

Muitas tradições de fé nos ensinam a aceitar o que não podemos controlar, sem preocupação ou pânico. Entretanto, no meio de um ataque de ansiedade no trabalho, é provável que não haja tempo para filosofia. Assim, eis o que fazer quando parecer que as coisas saíram completamente dos trilhos.

Estruture o tempo

Um conjunto sólido de pesquisas revela que o modo como a pessoa organiza e valoriza o próprio tempo tem impacto positivo sobre a saúde mental.[24] E isso tem uma importância fundamental entre aqueles que lidam com a ansiedade.

No início da manhã, faça uma lista de tarefas e estabeleça a programação do dia. Permita-se acréscimos de 30 minutos ao detalhar quando vai almoçar, dar aquele telefonema ou cuidar do relatório que precisa ser feito. Isso é o que os especialistas chamam de "*timeboxing*." Enquanto se dedica a essa tarefa, tente evitar aquilo que, nos termos da terapia cognitivo-comportamental, chamamos de "distorções cognitivas": os pensamentos catastróficos, os autojulgamentos ou as ideias "tudo ou nada" que costumam acompanhar a ansiedade.

Tome cuidado para não programar coisas demais ou superestimar sua produtividade; em vez disso, mantenha o foco no trabalho indispensável e reserve tempo para cuidar de si.

Dedique-se a pequenas tarefas relevantes

Quando a ansiedade ataca, qualquer tarefa imediata pode se tornar muito grande ou muito difícil. Por exemplo, analisar o fluxo de caixa do próprio negócio. Diante do software de contabilidade, a cabeça pode migrar para lugares sombrios, e, de repente, os números relativos a um mês de trabalho entram em uma espiral na qual o negócio faliu e a pessoa perdeu a casa. Para interromper essa espiral mental, convém se dedicar a tarefas simples e relevantes. Se conferir as projeções do fluxo de caixa está deixando você em pânico, opte por organizar alguns recibos ou esvaziar arquivos até que o pânico ceda.

De maneira geral, sempre que conseguir, mantenha o foco no futuro próximo. Talvez você sinta ansiedade em relação ao que pode acontecer – a você, à equipe, à família, ao negócio – no ano que vem; ou daqui a três meses. Não é possível ter certeza de que tudo ficará bem. Mesmo assim, *é possível* cuidar de tarefas que precisam ser feitas nesta semana. Mantenha o foco nisso e, então, lide com as grandes questões quando a calma tiver regressado ou quando você receber informações vindas de fontes confiáveis. Às vezes, é preciso se desconectar um pouco do futuro e se limitar a lidar com o presente.

Desenvolva técnicas para as situações que não conseguir controlar

É claro que nem sempre conseguimos nos desconectar do futuro. E se a diretoria precisar daquelas projeções de fluxo de caixa nos 30 minutos seguintes e a pessoa estiver em uma espiral negativa? Nesse caso, é preciso ter ferramentas que a ajudem a se acalmar rapidamente, de modo a conseguir realizar a tarefa.

Descubra uma técnica de concentração que abrande a ansiedade aguda

Há muitas formas de fazer isso. O segredo é encontrar o que mais funciona no seu caso. Uma das opções é manter o foco na respiração. A respiração com o abdômen é uma técnica clássica. Há quem prefira o que chamam de "método 4-7-8". Qualquer das opções é fácil de ser memorizada e discreta o suficiente para ser posta em ação no local de trabalho. Ao reduzir o ritmo da respiração de modo deliberado, enviamos uma mensagem ao cérebro para que se acalme, de modo que muitos dos sintomas físicos da ansiedade – como a frequência cardíaca acelerada e a pressão arterial alta – diminuem.

É possível também desviar a atenção, o que pode ser útil se a pessoa estiver enfrentando problemas de concentração. Primeiro, mantenha o foco na ansiedade, e, então, transfira aos poucos a atenção para algo tangível, algo que você possa segurar com as mãos, como um livro. Ao se concentrar em um objeto no momento presente, é possível diminuir o volume das preocupações até que elas não passem de um ruído de fundo. Experimente o exercício com coisas que funcionem para você e mantenha a tática como uma carta na manga para momentos de necessidade.

Compartimentalize ou adie as preocupações

Às vezes, eu converso em voz alta com minha ansiedade, dizendo: "Desculpa, falo com você depois do trabalho." Talvez você prefira registrar a preocupação por escrito e guardá-la para um momento específico – talvez mais tarde no mesmo dia ou na próxima sessão de terapia.

Em tempos de crise, é possível descobrir que as coisas que nos preocupavam no passado se esvaneceram. A urgência do momento assume o lugar. A fim de evitar que a ansiedade assuma o protagonismo, você pode dizer a ela: "Fique onde está. Eu sou parte da solução no meu trabalho e preciso terminar o serviço."

Por fim, caso a ansiedade persista e dificulte seus dias, considere a possibilidade de consultar um terapeuta ou profissional em saúde mental. Conversar com alguém especializado em ajudar os outros a gerenciar a ansiedade pode fornecer mecanismos de enfrentamento adicionais que combatam os sintomas debilitantes.

Limite o impacto da ansiedade na sua liderança

Depois de adquirir uma noção mais clara de como a ansiedade atua e de como é possível gerenciá-la no dia a dia, é hora de prestar atenção no modo como ela afeta a liderança e as habilidades de gerenciamento.

Tome boas decisões

A ansiedade pode prejudicar o discernimento. Ela nos leva a manter o foco nas coisas erradas, a distorcer os fatos ou tirar conclusões precipitadas. Em um mundo ideal, poderíamos adiar as decisões importantes até que nos sentíssemos em um estado mental mais equilibrado, mas isso nem sempre é possível.

Em tempos de ansiedade, é importante se programar proativamente para fazer boas escolhas. Mais ou menos como na diferenciação do possível e do provável, comece pelo reconhecimento do fato de que as emoções tornam você um narrador pouco confiável e que existem boas chances de surgirem pensamentos negativos. Digamos que você esteja se preparando para fazer um discurso e que, na última vez que se dirigiu a um público do mesmo tamanho, teve a impressão de ter sido um fracasso. Pergunte-se: estou pensando de modo objetivo? Caso não tenha certeza, verifique se sua memória está correta, talvez pedindo a opinião de um colega que tenha presenciado aquela fala. É claro que é necessário perguntar às pessoas certas. No fim das contas, todo indivíduo em posição de liderança precisa montar uma equipe de pares "sincerões": aqueles capazes de falar a verdade sem rodeios.

Pratique a comunicação saudável

Um dos aspectos mais perigosos da ansiedade é que ela é contagiosa, e os líderes dão o exemplo. Quando não admite a própria ansiedade e emite sinais de irritabilidade ou distração, você não ajuda a equipe em nada. Por outro lado, como ser honesto com a equipe de forma que não a amedronte? Qual é o grau apropriado de expressão emocional?

Líderes conscientes sabem o momento adequado de deixar transparecer a própria vulnerabilidade. Admitir "estou ansiosa hoje" ou "não dormi bem" permite que todos no escritório respirem com um pouco mais de tranquilidade. ("Ufa, não é por minha causa que ele está tenso.") E lembre-se: não é necessário revelar detalhes. Basta expressar como você se sente no momento. Além disso, nada estabelece confiança com mais eficiência do que a conexão emocional alimentada por meio da empatia e da benevolência compartilhada. É por isso que a franqueza em torno da própria ansiedade pode ser algo tão poderoso. Ela estabelece confiança: ao perguntar aos colegas "Como vai?", eles não sentem como se precisassem mentir ou abrir um sorriso falso, pois sabem que você também sente a pressão.

Como montar um sistema de apoio

O último passo para liderar em meio à ansiedade é garantir acesso ao apoio contínuo. Isso significa não só se cercar das pessoas certas, mas também desenvolver uma rotina que ajude a lidar com os ataques de ansiedade e a preparar o terreno para a manutenção da saúde mental.

Cronograma, estrutura e planejamento de cenário

Quando alguém sofre de ansiedade, precisa saber como serão os dias, como já vimos. Os métodos são básicos: listas, priorização e divisão do trabalho em tarefas gerenciáveis. Desmembre as tarefas causadoras de ansiedade extrema em frações suportáveis.

Além disso, use o trabalho de detetive, adotado na identificação dos gatilhos, em situações ou eventos sabidamente causadores de ansiedade. Caso tenha medo de viajar de avião, imagine a viagem de negócios – desde "Vou fazer a mala" e "Vou chamar um carro de aplicativo e ligar para meu amigo durante o trajeto até o aeroporto" até "Vou comprar um chocolate quando chegar lá, porque isso me alegra". Por fim, quando estiver no avião: "Vou tomar um tranquilizante, meditar um pouco e sobreviver."

Conheça sua "equipe de segurança"

Uma vez que você deseja poupar seu time dos detalhes mais difíceis da ansiedade, é preciso ter um lugar para o qual direcionar essas emoções. Certifique-se de ter uma "equipe de segurança" composta por pessoas a quem você possa confessar os pensamentos mais assustadores. Essa equipe pode incluir um terapeuta, um orientador, um mentor, cônjuge e amigos. Pode ser um grupo próximo de líderes como você, on-line ou não, que se comprometa a compartilhar confidências e a abrir espaço para as emoções difíceis de cada membro.

Pratique o autocuidado

Não preciso me alongar nesse aspecto. Cada um sabe o que autocuidado significa no seu caso – seja o sono, os exercícios, os hobbies, a massagem, o tempo que se passa só ou na companhia de pessoas amadas. O que importa é levá-lo a sério, como se um médico o tivesse receitado. Para um líder, o autocuidado não é nem frívolo nem opcional. E os aspectos que você não se importar de compartilhar podem beneficiar a equipe: ao incentivar boas práticas, outras pessoas se sentem motivadas a se cuidar também. Basta contar às pessoas que você não leva o celular para o quarto na hora de dormir, que se exercita uma hora por dia ou que tem lido menos notícias ou diminuído os acessos ao Twitter.

Montar uma infraestrutura de apoio com o objetivo de gerenciar a ansiedade nos ajuda a superar reveses e a atravessar tempos difíceis. Trata-se de uma estratégia de sucesso no longo prazo e de sustentabilidade enquanto líder. Isso significa que você terá dias melhores no trabalho quando as coisas estiverem tranquilas, mas também durante transições e períodos mais desafiadores.

Quer você sofra de um transtorno de ansiedade já diagnosticado ou esteja diante do primeiro contato com essa emoção tão intensa, ainda assim você pode ser um líder eficiente. Mas serei sincera: quem, a certa altura, não encarar a ansiedade será dominado por ela. Fazer isso não é fácil, mas é algo que vai mudar sua vida e sua capacidade de melhorar a vida de outras pessoas.

Basicamente, a ansiedade acompanha o trabalho do líder. Não obstante, o processo de gerenciá-la pode fortalecer a pessoa, tornando-a mais empática e mais eficiente. Esse pode ser um caminho acidentado, portanto lembre-se da autocompaixão. Reconheça que está fazendo o melhor possível, que suas emoções são normais e que a coisa mais saudável a fazer é se permitir vivenciá-las.

Morra Aarons-Mele é empreendedora, especialista em marketing on-line e executiva de comunicação. Fundadora da premiada agência de comunicação estratégica Women Online e do banco de dados de influenciadores The Mission List, Aarons-Mele ajudou Hillary Clinton a se conectar para seu primeiro bate-papo pela internet e já lançou campanhas digitais em nome do ex-presidente Obama, de Malala Yousafzai, da Organização das Nações Unidas e de muitas outras personalidades e organizações de destaque. Sendo ela mesma uma pessoa extremamente ansiosa e introvertida, apresenta o muito bem ranqueado podcast *The Anxious Achiever*, da HBR Presents, ligada à Harvard Business Review. Aarons-Mele adora ajudar as pessoas a repensar a relação entre saúde mental e liderança.

Seção 5
Como ajudar colegas em dificuldades

Capítulo 15
Quando você se preocupa com um colega

Amy Gallo

Aquele colega que costuma ser confiável anda perdendo prazos, não consegue concluir as tarefas, some por longos períodos e, de uma hora para outra, passou a ter explosões de raiva e a adotar um comportamento imprevisível. Talvez você se pergunte o que está acontecendo. Será ansiedade, depressão ou outra coisa? Como lidar com a situação – e será que cabe a você lidar com isso? Como ser um colega atencioso sem tentar bancar o psicólogo?

O que dizem os especialistas

É muito provável que você trabalhe com alguém que enfrenta algum problema de saúde mental. E, como a maioria dos ca-

---

Adaptado de "*When You're Worried About a Colleague's Mental Health*", publicado em hbr.org, 18 de dezembro de 2015.

sos têm grau moderado e podem ser tratados com sucesso, as pessoas nessas condições continuam indo trabalhar. "Em nossa sociedade, as pessoas trabalham mesmo quando estão doentes. Elas comparecem ao escritório quando estão gripadas e quando estão deprimidas", afirma Annie McKee, pesquisadora sênior na Escola de Educação da Universidade da Pensilvânia e autora de *How to Be Happy at Work* (Como ser feliz no trabalho). "Muitas pessoas que sofrem de um problema diagnosticável levam vidas produtivas. Elas o fazem porque aprendem a lidar com aquilo que as acomete e tratam o problema", diz Anna Ranieri, terapeuta, orientadora executiva e coautora de *How Can I Help?* (Como posso ajudar?). Mas nem todo mundo recebe ajuda, e talvez seu colega tenha um "problema de saúde mental não detectado, não diagnosticado e não tratado", explica McKee. A seguir, alguns conselhos, caso você suspeite que alguém esteja sofrendo de um transtorno mental e isso esteja afetando o trabalho.

Não improvise diagnósticos

"É da natureza humana tentar encontrar um padrão e dar nome às coisas", observa Ranieri. Entretanto, muitas pessoas se apressam em concluir que há algo errado antes de terem acesso aos fatos. "A maioria de nós não é treinada para fazer diagnósticos." E nossas especulações costumam estar equivocadas. "Quando percebemos que alguém está agindo fora do normal – comportamento errático, grandes oscilações de humor, prazos perdidos, faltas no trabalho –, é comum fazermos julgamentos, partindo do pressuposto de que se trata de um problema de saúde mental, quando é possível que a pessoa seja apenas diferente", afirma McKee. É bom sondar um pouco o terreno a fim de verificar se, talvez, aquele não é o jeito de a pessoa trabalhar. Ranieri sugere que se diga algo como "Eu costumo me manter em contato durante a execução de um projeto e percebi que, de vez em quando, não conseguimos localizar você. Como podemos trabalhar melhor juntos, em sintonia?" Talvez você descubra que não há qualquer questão emocional e que a outra pessoa tem um estilo diferente do seu. Não parta do princípio de que é preciso rotular cada comportamento que lhe pareça incompreensível.

"É possível ser um colega atencioso sem bancar o psicólogo amador", ressalta Ranieri. No entanto, se a pessoa não oferecer qualquer explicação ou se você descobrir que ela "costuma violar as normas com frequência e constatar não se tratar de uma questão cultural ou de perspectiva, é correto se perguntar se alguma coisa mais séria está acontecendo", diz McKee.

Observe seu próprio comportamento

Às vezes, um dos melhores sinais de que há algo errado com um colega é quando o comportamento dessa pessoa afeta a forma como os outros se portam no escritório. As emoções são contagiosas. "Uma boa pista é verificar se as pessoas em torno desse colega estão se comportando de forma diferente. Há relacionamentos sendo rompidos, e pessoas que não costumam se envolver em conflitos estão se desentendendo com os outros", explica McKee. "Talvez você comece a se sentir desanimado, especialmente quando está perto da pessoa. Ou, talvez, você seja alguém que costuma manter a calma, mas tem se sentido mais instável. Nós nos contaminamos com o estado emocional do outro."

Conheça os limites do relacionamento

Se há alguma razão para suspeitar que o colega esteja sofrendo de ansiedade, depressão ou outro problema de saúde mental, comece se perguntando se você é a pessoa certa para dizer alguma coisa. "Parte da decisão sobre como agir inclui entender seu relacionamento com a pessoa", observa Ranieri. "Caso vocês tenham um relacionamento próximo, é provável que você possa tocar no assunto." Caso contrário, pense muito bem em qual deve ser seu papel. Caso você seja gerente dessa pessoa, se o comportamento dela estiver afetando o trabalho dos outros, é sua obrigação dizer alguma coisa. (Voltaremos a falar disso.) Se você for apenas colega de setor ou subordinado e não tem qualquer relação de amizade além da relação profissional, então é provável que não lhe caiba tocar no assunto. Isso não significa que não se possa oferecer algum tipo de orientação, caso a pessoa solicite; apenas se assegure de não ultrapassar limites.

Faça um breve comentário

Se decidir abordar o assunto, não saia logo perguntando: "Você está com depressão? Está com algum problema de saúde mental?" A pessoa pode não estar preparada ou disposta a falar sobre o assunto. Em vez disso, mantenha o foco no trabalho e no impacto que o comportamento dela tem sobre você e sobre os outros. Faça um comentário do tipo "Nós estamos tentando concluir esse projeto, mas tem sido difícil com você fora do escritório." Então, "dê à pessoa a chance de responder e de compartilhar o que está acontecendo. Talvez você descubra que as coisas andam difíceis em casa, que algum parente mais velho está doente; ou, talvez, a pessoa diga 'Tem sido difícil encontrar forças para vir trabalhar todos os dias'", diz Ranieri. Caso vocês sejam bons amigos, é possível perguntar "Você está bem? Posso ajudar?", aconselha McKee. Certifique-se de seguir o tom estabelecido pela pessoa. Caso ela se abra, deixe que ela decida o quanto quer falar. Se ela disser "É só uma fase ruim, não posso falar sobre isso agora", não insista.

Ouça

Uma das coisas mais úteis que você pode fazer por alguém às voltas com um problema de saúde mental é ouvir. Se o colega decidir se abrir sobre "problemas temporários ou conflitos psicológicos mais duradouros", o simples gesto de se sentar e ouvi-lo pode ser benéfico, afirma Ranieri. "É bom saber que as pessoas reconhecem o problema, sem julgar a forma como elas o enfrentam." E é possível que seu papel seja só esse. "Nada de conselhos. Se sua própria experiência for relevante, você pode relatá-la – 'Eu passei por uma fase difícil e fiz assim' – sem dizer à pessoa o que fazer e sem se transformar no centro da conversa", ressalta ela.

Quando falar com outra pessoa

De maneira geral, as observações e conversas devem se manter confidenciais. No entanto, há duas situações nas quais é preciso buscar a ajuda de outras pessoas. A primeira é quando o "comportamento é tão imprevisível e assustador que você se preocupa com a possibilidade de a pessoa colocar a si ou os outros em risco", diz Ranieri. A segunda é quando você acredita que conversar diretamente com a pessoa iria colocar você em risco. Talvez você se preocupe com a reação dela; ou talvez ela trabalhe na chefia e você tema que isso possa comprometer o relacionamento de vocês.

"Nessas situações, é preciso acionar o RH ou a chefia superior, caso você julgue que a terceira parte vá lidar com o caso de modo apropriado e confidencial", afirma Ranieri. Expresse suas preocupações relativas ao trabalho, por exemplo: "É um comportamento que não consigo entender e isso está tendo um impacto negativo sobre mim e sobre a capacidade de executar o meu trabalho." Isso pode ser algo difícil de se fazer, é claro. "Existe um tabu cultural em torno da figura do delator", observa McKee.

No entanto, se existe o risco de prejudicar seu trabalho ou se o ambiente estiver se tornando tóxico, é sua responsabilidade procurar alguém que possa colaborar." Lembre-se de que você está tentando ajudar. "Sempre que suspeitamos da existência de um problema real, não devemos tentar oferecer o apoio necessário?", pergunta ela.

É preciso se proteger também de quaisquer consequências negativas. Caso tema que o comportamento da pessoa possa colocar seu emprego ou sua reputação em risco, McKee sugere documentar o que estiver acontecendo. Registre suas ações por escrito – e-mails enviados, conversas com a pessoa, solicitações. "Se não tomarmos cuidado, essas situações podem ressurgir para nos assombrar. Às vezes, vá direto ao ponto: 'Mais uma vez, Fulana não compareceu à reunião.' E registre o que lhe parecer inadequado: "Fulano gritou em uma reunião", aconselha McKee.

Se necessário, estabeleça limites

Oferecer ajuda pode gerar efeitos indesejados. "Você não pode acabar virando um terapeuta de fato", adverte McKee. "Tudo bem ter uma conversa, mas é preciso se preparar para direcionar a pessoa a um profissional, se necessário." Ranieri concorda: caso a pessoa insista em pedir conselhos e ajuda, "seja cordial e diga: 'Obrigado por confiar em mim, mas não sou especialista. Torço por você, mas não sou a pessoa certa para tratar disso.'"

Crie uma cultura do cuidado

Se você está na posição de gerente, mantenha o foco na criação de um ambiente seguro no qual as pessoas possam falar desses assuntos. "Muitos gerentes podem querer evitar conversas que girem em torno de saúde, saúde mental e bem-estar emocional", afirma McKee. Mas você não deve agir dessa forma. Se as pessoas não estão fazendo o próprio trabalho ou se estão atrapalhando os outros, é sua responsabilidade tomar uma atitude. Você pode falar com a pessoa, explicar o impacto de determinado comportamento no trabalho e perguntar como pode ajudar. Você pode encaminhar a pessoa ao programa de assistência ou pedir ajuda ao departamento de RH.

Caso tenha enfrentado um problema de saúde mental no passado ou tenha um familiar que o enfrentou, considere falar disso no trabalho, se e somente se você se sentir seguro para tal. "A maioria das pessoas não quer dizer 'Sofro de depressão', por causa do constrangimento em torno dos problemas psicológicos", reconhece Ranieri. Mas, quanto mais se fala sobre o assunto, maiores são a conscientização das pessoas e a diminuição do estigma, abrindo-se caminho para que outros consigam ajuda.

Estudo de caso: faça a pessoa se sentir segura

Vários anos atrás, quando Barbara Ricci era diretora na UBS, suspeitou que havia algo de errado com um cliente de longa data, George (nome fictício). Na época em que os dois trabalhavam juntos no portfólio de investimento da empresa de George, conversavam por telefone ou jantavam fora, ela percebeu certo padrão de comportamento: de vez em quando, ele agia de um jeito diferente – falava mais alto e mais rápido –, e, por causa do trabalho dela como presidente do conselho na National Alliance on Mental Illness, da cidade de Nova York, e do relacionamento com um irmão que havia sido diagnosticado com esquizofrenia, Barbara suspeitou que talvez George sofresse de episódios maníacos. No início, isso não a preocupou muito, porque o problema não afetava o trabalho dos dois, e ela partiu do pressuposto de que ele estivesse cuidando da situação. Todavia, certo dia ela falou sem rodeios sobre sua experiência familiar e tentou oferecer a ele um "espaço seguro e de confiança", recorda ela.

Mas a coisa ficou séria. "Percebi padrões incomuns de negociações no portfólio dele. George não estava agindo com prudência", explica Barbara. Como ele era responsável por bilhões de dólares e estava fazendo grandes transações "inapropriadas", ela achou que deveria dizer alguma coisa.

Ela o afastou da mesa de operações e perguntou se estava tudo bem. Ele desviou da pergunta e disse que não fazia ideia do que ela estava falando. Embora Barbara quisesse tratar do assunto diretamente com ele, com a oferta de ajuda e recursos, logo percebeu como seria difícil fazer isso naquela situação. Então ela procurou o gerente de George, uma pessoa que Barbara confiava ser capaz de agir do modo certo. "Ele era uma pessoa de cabeça aberta, e eu tinha certeza de que saberia cuidar da situação de um modo apropriado e que manteria a conversa confidencial."

O gerente foi pego de surpresa – não tinha percebido a luta do colega. Ainda assim, conversou com George, explicando que ele parecia estressado e que deveria tirar o restante da semana para descansar. Barbara não sabe o que George fez naquela semana. No entanto, após um breve intervalo, ele reassumiu sua função em tempo integral e voltou a se comportar de modo bem mais estável. "Ele se manteve no cargo por vários anos e continuou fazendo um bom trabalho", conta Barbara.

Por fim, ele acabou pedindo demissão e foi trabalhar em outro lugar. Anos depois, ligou para Barbara para lhe contar que estava passando por problemas outra vez e que se lembrava de que ela havia conversado com ele sobre problemas de saúde mental no passado. Diante de um pedido dele, Barbara aproveitou a oportunidade para dar conselhos e falar dos recursos disponíveis. "Fiquei feliz por poder ajudar", diz.

Amy Gallo é editora colaboradora da *Harvard Business Review* e autora do *HBR Guide to Dealing with Conflict at Work and Getting Along* (Guia para lidar com conflitos no trabalho e se dar bem). Os anos de terapia moldaram seu entendimento sobre dinâmica interpessoal entre colegas de trabalho e a ajudaram a lidar melhor com o estresse e a ansiedade no ambiente profissional. Você pode segui-la no Twitter: @amyegallo.

Capítulo 16
Como identificar e reagir a microagressões

Ella F. Washington

Todos nós já passamos por situações no trabalho em que alguém diz ou faz alguma coisa que nos parece hostil ou ofensiva a algum aspecto de nossa identidade – e a pessoa nem parece se dar conta. Esse tipo de atitude – frases insensíveis, perguntas ou suposições – é chamada de "microagressão" e pode ser direcionada a vários aspectos daquilo que nos forma. Por exemplo, pode se referir à raça, ao gênero, à sexualidade, ao estado parental, à origem socioeconômica, à saúde mental ou a qualquer outro traço de nossa identidade.

Na maioria das vezes, as microagressões são direcionadas a grupos identitários tradicionalmente marginalizados. Todavia, essas ações nocivas podem se voltar para qualquer pessoa, de qualquer origem, em qualquer posição profissional. Uma microagressão contra uma mulher negra, por exemplo, pode ser algo como "Você não é como as outras pessoas negras que conheço" (dando a entender que a pessoa difere dos estereótipos em torno das pessoas negras), ao passo que uma direcionada a um homem branco pode ser do tipo "Ah, você nem precisa se preocupar em se encaixar" (dando a entender que todos os homens brancos ficam sempre à vontade e são sempre aceitos). Em essência, as microagressões se baseiam em uma ideia simples e danosa: "Como você é X, então é provável que seja/não seja ou que goste de/não goste de Y."

Uma crítica comum ao discurso em torno das microagressões é a de que nossa sociedade se tornou "sensível demais" e que comentários casuais tomaram proporções gigantescas. Entretanto, as pesquisas são claras no que se refere ao impacto que comentários aparentemente inofensivos podem ter na saúde física e mental de alguém, em especial ao longo de toda uma carreira: taxas mais altas de depressão, estresse e trauma prolongados, distúrbios físicos como dores de cabeça, pressão arterial alta e dificuldades para dormir.[25] Além disso, a realidade da Grande Debandada* fez empregadores prestarem atenção no modo como a cultura organizacional pode influenciar na decisão dos empregados sobre deixar ou não a empresa. Um estudo descobriu que 7 em cada 10 trabalhadores afirmaram que se importariam com uma microagressão, e metade deles disse que a atitude os levaria a considerar deixar o emprego.[26]

Portanto, a realidade é que as microagressões não são tão micro quando consideramos seus impactos. Elas devem ser levadas a sério, porque, no fundo, sinalizam desrespeito e refletem desigualdade.[27]

A fim de criar ambientes de trabalho inclusivos, acolhedores e saudáveis, devemos combater ativamente as microagressões.

---

* Movimento iniciado em 2021 nos Estados Unidos, no qual muitos trabalhadores começaram a pedir demissão sem ter outro emprego em vista por se sentirem desvalorizados, mal pagos e sem perspectiva de crescimento em seus empregos. (N. da E.)

Fazer isso requer o entendimento de como elas surgem e como podemos reagir a elas de maneira produtiva, quer sejam direcionadas a nós ou a colegas. Ambientes de trabalho inclusivos não são apenas agradáveis; eles contribuem de modo positivo para o bem-estar e para a saúde mental e física do empregado.[28]

É importante perceber que a construção de um ambiente inclusivo requer conversas francas e autênticas sobre assuntos difíceis, como sexismo, homofobia e racismo, e é natural a preocupação de que podemos cometer microagressões nesse tipo de conversa. Quanto maior a consciência acerca de como surgem as microagressões, mais podemos combatê-las no ambiente de trabalho. Mas, na realidade, todos cometemos erros, então é preciso saber o que fazer caso você testemunhe ou cometa uma microagressão.

Conforme compartilho em meu livro sobre diversidade, equidade e inclusão, *The Necessary Journey* (A jornada necessária), a conscientização é sempre o primeiro passo. A seguir, algumas formas de se tornar alguém mais consciente acerca das microagressões, de interrompê-las quando testemunhá-las e de promover culturas com menos microagressões no ambiente de trabalho.

Tornando-se mais consciente acerca das microagressões

Há muitas palavras e expressões em diversas línguas cujas raízes favorecem de modo sistemático grupos dominantes na sociedade. Assim, muitas partes do discurso diário têm raízes históricas no racismo, no sexismo e em outras formas de discriminação. Por exemplo, os termos a seguir, que você pode ouvir ocasionalmente no ambiente de trabalho, têm conotações ofensivas:

- "Lista negra" se refere a uma lista de coisas que são vistas sob uma ótica negativa.[29]

- "Seja homem" equipara gênero a força e competência.

- "Denegrir", palavra que significa "tornar negro ou impuro", é bastante utilizada desde o período em que o Brasil era escravocrata.

Para algumas pessoas, essas palavras e expressões podem atuar como gatilhos para pensamentos relacionados a atos de discriminação atuais e antigos. Dedicar-se a usar a língua de forma consciente faz parte do tratamento respeitoso entre as pessoas. Ainda que seja inviável conhecer todo e qualquer campo minado cultural que possa existir no idioma que falamos, o objetivo é sermos cuidadosos acerca da origem de expressões corriqueiras e, mais importante, mudar o uso que fazemos desses termos, caso aprendamos que eles são problemáticos. Por exemplo, caso você esteja tentando encorajar uma pessoa, dizer para ela "encare a situação com firmeza" ou "seja valente" é um jeito melhor de comunicar o sentimento do que "seja homem". Dá trabalho desaprender as muitas palavras e expressões carregadas de estereótipos negativos em nosso léxico cultural. Porém, muitas pessoas descobrem que, uma vez que decidem deliberadamente agir de maneira mais inclusiva, a tarefa não é tão difícil assim.

A seguir, alguns exemplos de microagressões que podem ser ouvidas dentro e fora do ambiente de trabalho.

- Raça

  - "Não percebi que você era judeu. Você não se parece com um judeu", dando a entender que uma pessoa de origem judaica tem uma aparência estereotipada. (Comentários desse tipo são direcionados a pessoas das mais variadas origens.)

- "Acho que a pessoa mais qualificada deveria ficar com o emprego", dando a entender que alguém está recebendo uma vantagem indevida por causa da raça.

- Cidadania

    - "Seu inglês é muito bom. De onde são seus pais?", dando a entender que pessoas que falam inglês como segunda língua costumam ser menos hábeis no idioma.

    - "Mas de onde você é *de verdade*?", dando a entender que o lugar onde a pessoa foi criada não é seu "verdadeiro" lugar de origem. Essa microagressão costuma ser direcionada a pessoas pertencentes a minorias étnicas e raciais que os outros pressupõem que sejam imigrantes.

- Classe

    - "Como você entrou naquela faculdade?", dando a entender que a origem da pessoa faz dela uma anomalia em uma faculdade de prestígio.

    - "Nem parece que você teve uma infância pobre", dando a entender que alguém de certo grupo socioeconômico deveria ter aparência e comportamento específicos.

- Saúde mental

    - "Isso é esquizofrênico" ou "Isso é coisa de gente louca", usando-se terminologia relacionada a problemas mentais para descrever surpresas ou perplexidade.

    - "Não parece que você tem depressão. Eu também me sinto triste de vez em quando", minimizando as experiências das pessoas com problemas de saúde mental.

    - "Não reparem no meu TOC!", usando-se a sigla do transtorno obsessivo-compulsivo, um problema de saúde mental no qual o indivíduo é atormentado por pensamentos obsessivos e medos capazes de gerar compulsões, para se referir à atenção ao detalhe, ao perfeccionismo ou à organização.

- Gênero

    - "Não seja tão sensível", dando a entender que alguém, provavelmente uma mulher, está sendo "emocional demais" em uma situação na qual um homem seria mais objetivo.

    - "Obrigado, docinho" e comentários similares destinados com frequência a mulheres, que costumam não ser bem-vindos e chegam a ser ofensivos.

- Sexualidade

    - "Isso é muito gay", referindo-se a algo ruim ou indesejado, dando a entender que o fato de ser gay está associado a características negativas e indesejáveis.

- "Você tem marido/esposa?", o que pressupõe cultura e comportamentos heteronormativos, em vez de expressões mais inclusivas como "Você está com alguém?".

- Estado parental

  - "Você não tem filhos para pegar na escola, então pode ficar até mais tarde, certo?", dando a entender que uma pessoa sem filhos não tem vida fora do trabalho.

No ambiente de trabalho, as microagressões podem acontecer em todo os tipos de conversa. Por exemplo, podem ocorrer durante uma entrevista de emprego, quando o recrutador avalia um candidato com origem demográfica diferente da sua; durante o processo de avaliação de desempenho, quando o gestor destaca os aspectos positivos e negativos do funcionário; ou no atendimento ao cliente, quando um operador interage com clientes cuja primeira língua não é a mesma que a dele. De modo geral, todos devemos ficar mais atentos às microagressões, mas deveria haver um nível especial de atenção e de cuidado com a linguagem que usamos nos ambientes profissionais.

Reagindo a microagressões

Quanto maior a conscientização em torno das microagressões, mais inevitável percebê-las, e mais a pessoa se pergunta como e se é uma boa ideia interceder. Assim como o conselho dado às vítimas das microagressões, existe a opção de reagir na hora ou depois, ou de não fazer nada.

Não existe uma abordagem correta para se lidar com as microagressões. Apesar disso, seguem algumas considerações para os momentos em que você testemunhar uma delas:

1. **Qual o momento certo para dizer alguma coisa?** Considere o ambiente e tenha o cuidado de criar um espaço seguro para a conversa. Pergunte-se se é melhor ter essa conversa na hora (possivelmente diante de outras pessoas) ou a sós. Em algumas situações, uma abordagem imediata pode ser suficiente. Por exemplo, se alguém se equivoca quanto ao gênero de um colega em uma reunião, uma pessoa em posição de liderança pode dizer "Vamos usar os pronomes corretos" e continuar a reunião. Essa atitude pode diminuir o tabu de se apontar as microagressões e ajudar a criar uma cultura de correção positiva imediata quando elas ocorrerem. No entanto, ninguém gosta de ser colocado na berlinda, e, se a pessoa achar que está sendo repreendida, a conversa tende a ficar tensa. Portanto, caso seja necessário confrontar alguém, tente "chamar a atenção" por meio da criação de um ambiente seguro no qual você possa travar um diálogo honesto e autêntico com a pessoa – sem a presença de clientes ou colegas – para dizer "Olha, eu sei que não foi sua intenção, mas vamos tentar não usar essa linguagem...".

2. **Qual seu grau de relacionamento com a pessoa que fez o comentário?** Você se considera próximo da pessoa que cometeu a microagressão? Se sim, talvez possa dizer: "Olha, aquele seu comentário não soou muito bem." Por outro lado, caso não tenha nenhuma proximidade com a pessoa, talvez seja melhor levar em conta o que se sabe acerca da personalidade dela (é alguém com tendência à agressividade?) e sobre seu histórico com conversas desconfortáveis

(é uma pessoa acessível?). Além disso, talvez seja uma boa ideia incluir na conversa outros colegas de quem a pessoa seja mais próxima.

3. **Você é uma pessoa bem-informada sobre microagressões?** Seja honesto quanto ao nível de familiaridade com o assunto em questão. Por exemplo, talvez você reconheça que determinado comentário configura uma microagressão racial. No entanto, pode ser que desconheça a história ou as implicações da expressão utilizada. Nesse caso, não há problemas em falar com a pessoa, mas é preciso reconhecer que você não é autoridade no assunto e, por isso, recomenda-se aprender mais a respeito antes ou conversar com alguém familiarizado com o tema.

Depois de perceber uma microagressão, e caso decida agir, reveja com seus colegas a diferença entre *intenção* e *impacto*. Ainda que a pessoa não tenha tido a intenção de fazer um comentário ofensivo, é preciso reconhecer o impacto das falas. A intenção não suplanta ou justifica o impacto real. Por exemplo, você pode dizer à pessoa: "Eu sei que sua intenção pode ter sido dizer _____, mas o que eu ouvi foi _____." Às vezes, apenas ressaltar a diferença entre intenção e impacto pode ser importante para a outra pessoa.

Caso você perceba que cometeu uma microagressão

Se alguém lhe disser que você fez um comentário ofensivo, essa será uma boa oportunidade de fazer uma pausa e pensar na melhor maneira de lidar com a situação. Use sua inteligência emocional e adote os passos a seguir:

- **Faça uma pausa.** O fato de chamarem nossa atenção pode nos deixar na defensiva; portanto, respire fundo e lembre-se de que todo mundo erra. Na maioria dos casos, cometer uma microagressão não faz de alguém uma pessoa ruim; a ocasião sinaliza a chance de tratar os colegas de forma mais respeitosa e de amadurecer na jornada da diversidade, igualdade e inclusão. Fazer uma pausa, respirar e refletir podem ajudar a evitar uma reação emotiva e diminuir as chances de se dizer alguma coisa ríspida com potencial de piorar a situação.

- **Peça que lhe expliquem melhor a situação.** Caso não tenha certeza do que fez para ofender alguém, sugira uma conversa com um pedido de explicação. Diga: "Será que poderia me explicar melhor o que você quis dizer?"

- **Ouça com a intenção de entender.** Ouça a perspectiva da outra pessoa, ainda que discorde dela. Em conversas desconfortáveis, é muito comum a gente ouvir em busca da oportunidade de falar e inserir nossas próprias opiniões, em vez de ouvir de verdade e tentar entender. Com o intuito de ter certeza de que entendeu o ponto de vista do outro, você pode tentar repetir ou parafrasear o que ouviu: "Se entendi direito, você disse _____ [faça uma paráfrase dos comentários da pessoa]. É isso mesmo?"

- **Reconheça o erro e peça desculpas.** Uma vez que tenha processado o dano que causou, você deve reconhecer a ofensa e se desculpar com sinceridade pelo que disse. Essa é a hora de agir com honestidade, caso você desconheça o histórico de uma dada expressão ou tenha feito um comentário insensível. Você pode dizer algo do tipo "Agora eu entendi por que eu estava errado nessa história. Vou me esforçar para aprender mais sobre _____ [o assunto sobre o qual você precisa adquirir uma maior consciência cultural]."

- **Crie espaço para continuidade.** A maioria dessas conversas difíceis demanda mais de uma ocasião para ter resultado. Permita a você e seus colegas a oportunidade de dar continuidade ao tema no futuro e de voltar a tocar no assunto, em especial quando todos estiverem de cabeça mais fria. Você pode dizer algo como: "Eu adoraria voltar a falar disso, se vocês pensarem mais no assunto. Vou ficar muito grato se quiserem compartilhar a perspectiva de vocês comigo."

O que os líderes devem saber

Mesmo que as microagressões costumem acontecer no nível individual, as empresas que se dizem comprometidas com a inclusão devem ter tolerância zero em relação à linguagem segregadora ou discriminatória direcionada a qualquer funcionário. As pessoas em posição de liderança devem dar o exemplo por meio da disponibilização de treinamento sobre temas como microagressão. Ainda assim, por causa da natureza insidiosa das microagressões, líderes e profissionais de RH têm a responsabilidade de corrigir indivíduos sempre que tomarem conhecimento da ocorrência dessas ofensas.

Caso não sejam corrigidas, muitas microagressões podem

se tornar parte da cultura de uma organização. Por exemplo, já trabalhei com algumas empresas nas quais era comum funcionários confundirem duas pessoas da mesma raça, e esse fato era negligenciado como se fosse um erro sincero. Ainda que todos cometamos erros, quando incidentes semelhantes envolvem de modo consistente os mesmos grupos de pessoas, os líderes precisam corrigir o comportamento. Um cliente me procurou para falar sobre o fato de que duas mulheres asiáticas da mesma equipe eram com frequência chamadas pelo nome uma da outra, o que lhes dava a sensação de serem intercambiáveis. Eu ajudei o cliente a compartilhar com a firma algumas ferramentas que permitissem a correção imediata e cortês de uma pessoa. Além disso, conversei em linhas gerais com a empresa sobre o porquê de ser ofensivo confundir duas pessoas da mesma raça. Uma das coisas que a empresa fez foi insistir que os funcionários aprendessem os nomes uns dos outros e se certificassem de estabelecer interações individuais com novos colegas a fim de reconhecê-los. Quando retornaram ao escritório depois do serviço remoto durante a pandemia, chegaram a fazer um desafio de nomes, com premiação. Dessa forma, a firma agiu de modo não só a ressaltar o comportamento inapropriado, mas alterou também a cultura do lugar ao deixar claro que saber os nomes dos colegas era uma expectativa fundamental por parte de todos os membros da equipe.

No fundo, tornar-se mais apto a perceber e a reagir às microagressões – e tornar-se mais consciente acerca da linguagem usada no dia a dia – é uma jornada com efeito concreto sobre a saúde mental e o bem-estar no trabalho. As microagressões afetam a todos. Portanto, criar um ambiente de trabalho mais inclusivo e atento à diversidade cultural significa que cada um de nós deve investigar os próprios preconceitos a fim de nos tornarmos mais conscientes. O objetivo é não ter medo de se comunicar um com o outro e aproveitar a oportunidade de agir com consciência. O fomento de culturas inclusivas nas quais as pessoas possam prosperar não acontece de um dia para o outro. Demanda um contínuo processo de aprendizagem, evolução e crescimento.

Ella F. Washington é orientadora de prática profissional na McDonough School of Business, da Universidade de Georgetown; fundadora da Ellavate Solutions, que fornece estratégias de diversidade e inclusão e treinamento para organizações; autora de *The Necessary Journey: Making Real Progress on Equity and Inclusion* (A jornada necessária: fazendo progresso real em equidade e inclusão) e coapresentadora do podcast semanal *Cultural Competence*, com o apoio do Gallup's Center on Black Voices. Ella acredita muito no poder da terapia e por isso há três anos realiza sessões regulares. Além disso, busca orientação sobre liderança que a ajude a seguir crescendo e lidando com os desafios diários do trabalho e da vida.

Capítulo 17
Como contribuir para a saúde mental

Katherine Ponte

É muito provável que você depare com algum problema de saúde mental ao longo da vida. Admitir essa possibilidade deve servir de motivação para se tornar um aliado da saúde mental no ambiente de trabalho e tratar colegas que estejam às voltas com alguma questão do tipo com a mesma empatia que você gostaria de receber em circunstâncias semelhantes. No entanto, o estigma e a falta de informação sobre o assunto são obstáculos em muitas empresas e instituições. O mito de que as pessoas com problemas de saúde mental não podem contribuir de modo significativo gera preconceitos conscientes e inconscientes. Devemos trabalhar juntos com o intuito de erradicar esse estigma e seus impactos devastadores. Muitas pessoas sofrem com doenças mentais, mas se recuperam. Elas conseguem prosperar na vida pessoal e no trabalho, e nós podemos ajudar a tornar isso possível uns para os outros, desde que nos portemos como aliados, colaborando para criar um ambiente de trabalho que ofereça apoio para todos.

Ser um aliado da saúde mental no trabalho é ajudar aquelas

pessoas que enfrentam questões ligadas ao assunto a se sentirem valorizadas e necessárias. Isso pode ter efeitos positivos de longo prazo, incluindo maior engajamento por parte de funcionários, produtividade e lealdade.[30] Fortalecer e aprofundar os relacionamentos entre colegas pode também beneficiar a comunidade de funcionários como um todo. Quando recebemos apoio, nos tornamos também mais dispostos a apoiar os outros, em um círculo virtuoso de autorreforço.

Alguns dos meios mais eficazes de se tornar um aliado da saúde mental é conversar individualmente com colegas que estejam passando por problemas, usando palavras encorajadoras, educando-se e educando os colegas acerca do tema, estimulando o engajamento do grupo e implantando políticas que ajudem os funcionários quando necessário.

Como ter uma conversa privada com um colega

Pode ser difícil saber quando e como iniciar uma conversa com alguém que esteja enfrentando um problema de saúde mental. Não é fácil falar sobre o assunto, em particular no trabalho e com alguém que sofre com o problema. A intenção não é tirar conclusões precipitadas ou dar a impressão de estar fazendo julgamentos. A ideia, tampouco, é ofender. Além disso, é importante respeitar os limites profissionais e pessoais do outro. Conversar com alguém que enfrenta um problema grave de saúde mental pode ser desafiador, pois, muitas vezes, a pessoa é alvo de grande estigma, o que a torna extremamente relutante em falar sobre o assunto.

Antes de conversar, preste atenção, procure os sinais de que a pessoa está com problemas e tente também identificar pontos que possam ser mais sensíveis. Por exemplo, colegas com problemas graves e crônicos podem revelar como se sentem, mas não o diagnóstico que receberam. Eles podem também enfrentar o autoestigma ou a internalização do estigma, o que é capaz de ampliar o impacto da discriminação alheia. Além disso, pessoas com problemas de saúde mental podem deparar com um estigma antecipado ou com a crença de que serão alvo de preconceito, discriminação e estereótipos. Por tais razões, costumam ter sensibilidade aguçada ao estigma e à rejeição.

Durante a conversa, mantenha o foco nas estratégias e considerações a seguir.

Prepare-se

Refletir sobre o viés implícito em torno da saúde mental e corrigi-lo ajudarão você a se tornar aliado de seus colegas. Ainda que você não tenha a intenção de contribuir para o estigma, o estigma não intencional também é nocivo. Pense em suas premissas ou preconcepções acerca do assunto e das pessoas que lidam com esses problemas e, então, descarte essas ideias.

Mantenha uma postura aberta e acessível ao outro e considere a possibilidade de compartilhar sua própria vulnerabilidade ou experiência com desafios relacionados à saúde mental. Quer você tenha vivido essa experiência diretamente ou por intermédio de outros relacionamentos, falar sobre ela no início do diálogo pode ser algo muito potente, colocando você e a outra pessoa em pé de igualdade e ressaltando sua empatia e sua compreensão. Ser um aliado requer paciência, persistência gentil e criatividade. Caso os esforços iniciais na tentativa de conversar não funcionem, não se deixe vencer pela frustração ou pelo desânimo. O objetivo de qualquer conversa deve ser ajudar o colega a falar sobre suas lutas, oferecer apoio perguntando se e como você pode ajudar e relembrar com muito tato os benefícios ou recursos que a empresa ou o plano de saúde disponibilizam.

Descubra o momento ideal

Talvez você queira dar início à conversa ao perceber uma mudança significativa no humor ou no padrão de comportamento de alguém. Fique de olho na dificuldade de concentração, nos prazos perdidos, na queda da qualidade do trabalho, na diminuição da comunicação, no semblante de "preocupação", na lentidão dos gestos e nas repetidas ausências injustificadas. É possível que você tenda a ignorar esse comportamento como se fosse um assunto privado ou um problema sob a responsabilidade da chefia ou do RH. Não entanto, caso a pessoa seja próxima, talvez você esteja em melhores condições de identificar um problema e se conectar com ela por meio de uma aproximação amigável e atenciosa. Encontrar o momento certo é importante; tente aproveitar um "dia bom", no qual a pessoa pareça acessível ou relaxada.

Algumas pessoas não exibem quaisquer sinais externos de dificuldade ou preocupações ligadas ao trabalho, como aquelas que sofrem de ansiedade de alto desempenho. Não devemos sempre partir do pressuposto de que alguém não está sofrendo com base apenas na aparência ou no desempenho profissional. Criar uma cultura no ambiente de trabalho que permita aos colegas demonstrar compreensão e empatia ajuda as pessoas a se sentirem mais confortáveis em se aproximar ou procurar ajuda quando necessário. Profissionais de RH e gerentes devem tornar certos recursos disponíveis e acessíveis a todos, incluindo um manual de saúde mental.

Vá devagar

Uma conversa sobre saúde mental deve ser a mais normal possível. Perguntas simples, no estilo "Como você está se sentindo hoje?", "Como foi o final de semana?" ou "Como está indo aquele projeto?", podem abrir espaço para uma conversa. Naturalmente, você deve estabelecer um tom aberto, honesto e empático desde o início. Uma abordagem casual e amistosa é capaz de facilitar um diálogo mais aberto. Prepare-se para a possibilidade de a pessoa agir na defensiva ou tentar esconder suas dificuldades. Ela pode ter medo da estigmatização ou de se tornar alvo de fofoca no escritório. Portanto, não insista para que ela fale. Em vez disso, faça um gesto gentil e diga que você está disponível para ouvi-la se e quando ela quiser falar.

Valorize o desempenho da pessoa; é possível que ela esteja enfrentando uma forte insegurança, o que pode ser paralisante. Talvez esteja, também, lidando com a síndrome do impostor ou se sentindo culpada por ser um "elo frágil" ou por não estar "à altura" da equipe. Relembre o fato de que ela foi capaz de superar tarefas desafiadoras no passado, tranquilizando-a, dizendo que tudo vai melhorar e fazendo-a se sentir valorizada e necessária. Você também pode ajudá-la a pensar em outras maneiras de reduzir a carga de trabalho, caso esse fator esteja interferindo de forma negativa na saúde mental dela.

Utilize a abordagem adequada

Tente se aproximar de diferentes formas. Talvez, começar com uma conversa cara a cara não seja o ideal, uma vez que as pessoas com problemas de saúde mental podem se sentir envergonhadas ou constrangidas. Aproximar-se por meio de uma ligação ou uma mensagem de texto pode ser mais eficiente. Caso converse pessoalmente, considere a possibilidade de um encontro em um lugar fora do trabalho, garantindo assim mais privacidade. Comece ressaltando que tudo o que for falado permanecerá privado e confidencial – e, é claro, honre sua palavra.

Depois do contato inicial, continue a conversa, caso a pessoa assim o queira, em especial se ela tiver compartilhado informações sensíveis. Muitas pessoas com problemas mentais temem ser hostilizadas, abandonadas ou rejeitadas caso os outros descubram sua doença. Portanto, continue a ter interações regulares, comunicando-se com gentileza. Às vezes, as pessoas se sentem mais à vontade para conversar sobre fatores estressores do que sobre um problema mental, ainda que o fator estressor tenha causado a doença. Por exemplo, você pode perguntar "Como as crianças estão se adaptando à escola?" em vez de "Você ainda está estressado por causa das crianças?".

O uso da linguagem solidária

Sempre que estiver conversando com alguém que está ou possa estar às voltas com um problema de saúde mental, tenha cuidado com o que diz e como diz. A seguir, algumas amostras do que dizer e do que não dizer. Cada pessoa tem os próprios gatilhos ou vulnerabilidades; assim, porte-se com atenção e cuidado.

Seja sensível

Não diga: "Precisamos conversar sobre suas atitudes [comportamento, humor]."

Diga: "Você tem andado diferente. Quer conversar? Se não quiser, tudo bem."

Não diga: "Seu trabalho está atrasado. Por que não está conseguindo manter o ritmo?"

Diga: "Eu sei que, de vez em quando, o trabalho fica muito pesado. Há alguma coisa que eu possa fazer para ajudar?"

Não diga: "Não dá para acreditar que você está enfrentando isso, mas você é muito forte. Vai superar isso tudo."

Diga: "Eu sofro de _____; foi muito difícil, tempos

atrás, quando _____. Não consigo nem imaginar pelo que você está passando, mas parece bem difícil."

Não diga: "Ânimo!" [Nunca lance mão de palavras vazias de encorajamento.]

Diga: "Tomara que você se sinta um pouco melhor amanhã."

Caso você seja o gerente e esteja conversando com alguém que poderia se beneficiar de um afastamento:

Não diga: "Eu acho que você deveria se afastar por um tempo."

Diga: "Você é um membro muito valioso na equipe. Nós precisamos de você; mas você pode se afastar, se isso ajudar. Você pode trabalhar apenas um turno, pode trabalhar de casa e pode se manter conectado com os colegas." [Naturalmente, adapte a linguagem a quaisquer que sejam as diretrizes da empresa.]

Evite o estigma

Não diga: "Você é bipolar."

Diga: "Você é uma pessoa com transtorno bipolar." [*Sempre* adote uma linguagem que priorize a pessoa – você jamais diria "Você é câncer".]

Não diga: "Eu entendo o que você está enfrentando." [A menos que você sofra de um problema de saúde mental; e, mesmo nesse caso, aja com sensibilidade, uma vez que cada pessoa lida com o problema de um jeito diferente.]

Diga: "Não sei o que você está enfrentando, mas gostaria de ajudar. Há alguma coisa que eu possa fazer?"

Demonstre encorajamento

Não diga: "Não parece que você está melhorando."

Diga: "A doença mental pode ser controlada e tratada; às vezes, é preciso encontrar o apoio e o plano adequados. Estou ao seu lado. Conte comigo."

Não diga: "Talvez você devesse tentar _____ e _____."
[Conselhos não solicitados não costumam ser bem-vindos.]

Diga: "Ouvi falar que _____ pode ser útil / me ajudou um tempo atrás. Quer dar uma olhada nisso comigo?"

Não diga: "Você não precisa de ajuda. Você não é fraco."

Diga: "Acho corajoso de sua parte reconhecer que está com problemas e que precisa de ajuda."

Coopere

Não diga: "Você precisa ir ao médico."

Diga: "Eu fico me perguntando se não seria bom consultar um médico. Nosso guia de saúde mental tem algumas referências, ou você pode ligar para o plano de saúde e pedir ajuda. Ou, quem sabe, algumas sessões de terapia possam ajudar."

Não diga: "Você precisa se concentrar em melhorar."

Diga: "Nós podemos passar por isso juntos; conte conosco."

Como preparar os funcionários para lidar com a saúde mental

Educar-se sobre saúde mental é a base para ajudar as pessoas a se tornarem boas aliadas. Se você ocupa uma posição de liderança, encorajar ou instituir um programa de instrução sobre o assunto na empresa é um grande passo no apoio à saúde mental. Há dois tipos gerais de programas educacionais: relatos pessoais em uma reunião intimista ou um auditório e eventos informativos no formato de oficinas ou cursos em sala de aula.

Relatos pessoais

Eventos que envolvem experiências intimistas e reais e relatos pessoais costumam dar resultado porque humanizam os problemas e estimulam a empatia. Pessoas em posição de liderança podem compartilhar suas experiências, o que também pode influenciar a cultura e as políticas da empresa. Os empregados podem compartilhar suas histórias, o que costuma causar um impacto ainda maior, uma vez que eles tendem a se identificar mais com os colegas. O palestrante nesses eventos não precisa ser um membro da empresa. Algumas organizações oferecem especialistas experientes nesse tipo de encontro.

Oficinas e cursos

Eventos informativos podem fornecer conhecimento prévio a todos os funcionários. Outro recurso útil para os funcionários é um guia de saúde mental que cubra o básico sobre o assunto, com informação sobre benefícios e uma lista de centros de saúde autorizados.

Como incentivar a formação de grupos de funcionários

O contato entre colegas pode trazer benefícios aos funcionários que enfrentam a solidão e o isolamento. Os grupos de recursos de funcionários (ERGs, na sigla em inglês) podem criar um fórum para aqueles impactados por uma doença mental, aqueles que vivem com uma dessas condições ou ajudam alguém nessa situação. Esses grupos também podem identificar oportunidades de abordar qualquer problema relacionado ao ambiente de trabalho.

Todos os funcionários devem ser bem-vindos a participar; entretanto, a privacidade dos membros precisa ser preservada. As gerências devem promover e participar desses grupos de modo a ajudar a normalizar os temas abordados.

Além dos ERGs, você pode incentivar uma boa atitude nos grupos por meio de conversas abertas e públicas sobre o assunto, compartilhando seus próprios desafios, atuando em benefício da boa saúde mental para todos os empregados, em todos os níveis, e apoiando atividades, iniciativas e eventos voltados ao tema.

Atividades em grupo voltadas para o autocuidado no local de trabalho promovem o engajamento entre os colegas. Algumas opções populares incluem ginástica laboral, refeições saudáveis, meditação e programas de desenvolvimento da atenção plena. Essas experiências também favorecem conversas mais intimistas capazes de estimular as discussões acerca da saúde mental. Às vezes, as pessoas com problemas de saúde mental acham reconfortante fazer algo na companhia dos colegas e se engajar em atividades que não estejam diretamente relacionadas ao cuidado com a saúde mental; muitos temem a perda dessas conexões sociais por causa de suas condições. Atividades não relacionadas ao trabalho organizadas em torno de um interesse comum ou de uma afinidade podem abrir espaço para a criação de conexões com outros colegas e facilitar o engajamento. Essas atividades podem incluir o envolvimento dos funcionários em iniciativas que promovam a diversidade, a equidade e a inclusão, bem como a participação em grupos de discussão ou em programas de serviços comunitários. Apoiar ou encorajar a participação em eventos sem fins lucrativos voltados à promoção da saúde mental, como caminhadas para arrecadação de fundos, também é uma forma de conscientização, além de fomentar o diálogo aberto entre os empregados enquanto promove a colaboração com programas diversos.

Como apoiar a saúde mental por meio das diretrizes da empresa

Nesse aspecto, quem ocupa posições de liderança na empresa deve adotar uma abordagem múltipla.

Estabeleça uma política de apoio à saúde mental

A implementação e a manutenção de uma política forte de combate à estigmatização e a promoção da saúde mental criam uma cultura e um ambiente de trabalho solidários. Disponibilize a todos os funcionários uma visão geral clara dos benefícios à saúde mental oferecidos pela empresa. Informe que qualquer estigmatização associada ao assunto será tratada nos mesmos moldes de outras formas de discriminação e estimule gerentes e funcionários a se posicionarem contra o preconceito. Além disso, encoraje os empregados a confrontar colegas que promovam qualquer tipo de estigma, de modo intencional ou não, e a relatar a conduta deles aos supervisores. A política de saúde mental da empresa pode incluir um compromisso transparente com as melhores práticas de abordagem das questões ligadas ao tema. Os empregados devem ter acesso a recursos claramente identificáveis e disponíveis para a comunicação de suas inquietações, além de acesso a um processo descomplicado de reclamação e feedback que garanta o anonimato.

Se você faz parte da direção-executiva, pode criar uma diretoria da saúde mental com o objetivo de desenvolver, implementar e reforçar as diretrizes da empresa acerca do assunto. Um comitê de saúde mental formado por um grupo diverso de interessados, em especial funcionários que convivam com o problema, pode ajudar a moldar, implementar e manter essas diretrizes.

Ofereça acordos laborais

Aliados e líderes devem incentivar e apoiar acordos laborais capazes de beneficiar todos os empregados, ajudando a prevenir os problemas relacionados à saúde mental e mitigando fatores estressantes no ambiente de trabalho que possam piorar os quadros clínicos. Alguns exemplos de acordos fáceis e de baixo custo, segundo o Americans with Disabilities Act, incluem a oferta de um início de turno mais tardio (muitos medicamentos psiquiátricos podem ter efeito sedativo), saídas para consultas médicas, horário flexível, ambientes silenciosos, cães de serviço psiquiátrico no escritório (ou animais destinados a apoio emocional), trabalho remoto e trabalho em meio período. Encoraje os empregados a discutir os acordos disponíveis a cada equipe e as sugestões de como melhor incorporá-los.

Os gerentes devem considerar a possibilidade de oferecer esses acordos de modo proativo aos empregados que deles necessitem. Informe aos funcionários que, caso eles solicitem um acordo, não enfrentarão represálias; e que os relatos de doença mental serão mantidos em completo sigilo. A informação de que uma doença será "mantida em off" pode ser reconfortante. Pessoas com transtornos mentais têm direitos legais a acordos razoáveis; no entanto, é necessário revelar o problema para que se possa usufruir do benefício. Os gerentes devem ter em mente que muitas pessoas acreditam que os riscos de contar sobre o diagnóstico excedem, e muito, os benefícios.

Aumente o acesso à rede de cuidados

Ofereça acesso a bons benefícios de assistência à saúde mental, incluindo um pacote abrangente que englobe saúdes física e mental. Esse pacote deve incluir cobertura para uma ampla variedade de serviços de saúde mental e medicamentos. Ofereça políticas generosas de afastamentos de curto e longo prazos, com duração estipulada com clareza e a possibilidade de prorrogações. A política de afastamento não deve se restringir a diagnósticos específicos. O plantão de assistência terapêutica é outra medida benéfica (uma vez que as crises mentais não raro ocorrem fora do trabalho). Programas de bem-estar geral também devem ser disponibilizados a todos os empregados a fim de garantir um impacto positivo sobre a saúde mental. Assegure-se de que os funcionários estejam cientes desses benefícios por meio de sessões informativas e pelos canais de comunicação da empresa.

Por fim, comunidades anônimas de apoio on-line *peer-to-peer* (ou P2P), que preservam a confidencialidade, podem ser úteis. Muitas empresas usam aplicativos de saúde mental para ajudar os colaboradores, mas a eficiência desses recursos é questionável. De acordo com a Associação Americana de Psiquiatria (APA, na sigla em inglês), muitos aplicativos carecem de evidências quanto à sua eficácia; além disso, podem não ser seguros, não dispor de controle adequado de privacidade ou vender os dados do usuário sem as devidas transparência e autorização. A APA desenvolveu um modelo de avaliação para aferir os riscos associados e classificar os aplicativos de saúde mental.[31] Antes de promover esses aplicativos entre os funcionários, os empregadores devem avaliá-los com cuidado, a fim de verificar riscos e eventual eficácia.

Pessoas com problemas de saúde mental, qualquer que seja a gravidade, podem prosperar no ambiente de trabalho e atuar como membros valiosos nas equipes. Os aliados têm um papel importante ao ajudar a gerar a empatia e a compaixão necessárias à superação dos desafios. A vontade coletiva, a empatia e a compaixão podem derrubar as imensas barreiras do estigma. Iniciativas voltadas à saúde mental no ambiente de trabalho podem ajudar – e de fato ajudam. No fim das contas, o que mais importa é levar aquilo que nos faz humanos para o ambiente de trabalho.

Katherine Ponte é fundadora da rede de apoio ForLikeMinds, membro do conselho da National Alliance on Mental Illness, palestrante de psiquiatria junto ao Program for Recovery and Community Health, na Faculdade de Medicina da Universidade Yale, blogueira da National Alliance on Mental Illness, autora e coautora de artigos publicados nos principais periódicos de psiquiatria e autora do livro *ForLikeMinds: Mental Illness Recovery Insights* (Para mentes afins: insights de recuperação de doenças mentais). Há mais de 20 anos, Katherine convive com transtorno bipolar tipo 1 severo com psicose, incluindo transtorno depressivo grave. Atualmente, ela vive em feliz recuperação.

Seção 6
Atitudes da diretoria-executiva

# Capítulo 18
Como lidar com a depressão na diretoria-executiva

Morra Aarons-Mele entrevista Paul Greenberg

Quando falamos de saúde mental no trabalho, é comum nos referirmos aos colaboradores individuais e às pessoas nas posições mais baixas da estrutura organizacional das empresas. No entanto, pessoas em posição de liderança na diretoria-executiva também enfrentam desafios com sua saúde mental – e com preocupações quanto ao que os colegas podem pensar delas e quanto à possibilidade de suas carreiras serem afetadas, caso os problemas se tornem de conhecimento público.

Morra Aarons-Mele, apresentadora do podcast *The Anxious Achiever*, conversou com Paul Greenberg, CEO da produtora audiovisual Butter Works, sobre as décadas em que ele conviveu com uma depressão crônica profunda e com impulsos suicidas, em uma época na qual era bem-sucedido em várias posições de

---

Adaptado de "Battling Depression from the C-Suite", podcast *The Anxious Achiever*, temporada 1, episódio 8, 18 de novembro de 2019.

liderança. A conversa inclui comentários francos sobre ideação suicida e terapia eletroconvulsiva.

Morra Aarons-Mele: Paul, você trabalhou 10 horas por dia durante quase três décadas, período no qual nenhum de seus colegas sabia sobre sua luta contra a depressão. Como isso é possível?

Paul Greenberg: Honestamente, eu gostaria de saber responder a essa pergunta. Era brutal, mas eu tinha alguma capacidade de parcelar o trabalho que precisava ser feito e de controlar o modo como eu me sentia e o que eu precisava fazer. Às vezes, o trabalho era um conforto, um espaço no qual eu podia manter o foco em algo além da depressão. Em boa parte do tempo, porém, era uma tarefa árdua. Foi muito difícil passar por isso.

Você também era gerente, lidava com os problemas de outras pessoas, conduzia reuniões e assim por diante. Como eram esses dias mais difíceis?

Exaustivos, um trabalho de Sísifo. Eu saía da cama de manhã e pensava: "Tudo bem, eu só preciso chegar até o fim do dia. Vou fazer o que for preciso para levar a pedra até o alto do morro." Todos os dias, eu tinha pensamentos suicidas quase o tempo todo. "Quero me matar." Eu não chegava a visualizar o suicídio. Apenas vivia ouvindo esses pensamentos, e isso era extenuante.

Além disso, havia o peso, o buraco no estômago, que me levava a transformar tudo em uma catástrofe: "Nada vai funcionar. Nunca vamos conseguir fazer isso. Vou perder o emprego e me tornar um sem-teto, tudo vai desmoronar para sempre."

Eu ia para o trabalho e me concentrava o máximo que podia nas pessoas ao redor, tentando me sentir necessário, tentando entendê-las e ser o mais empático possível, tentando descobrir como ajudá-las. De algum jeito, isso tornava um pouco mais fácil atravessar o dia, e eu me sentia como se fosse parte de algo maior.

Entretanto, assim que eu tinha uma folguinha, quando não estava em reunião ou enquanto comia uma salada no escritório, a depressão me invadia, e eu me sentia perdido, ansioso, com raiva e frustrado. Então, quando chegava a hora da reunião seguinte, eu sacodia a poeira e enfrentava o que viesse.

Vamos falar do tratamento. Quantos remédios você experimentou ao longo da vida?

Provavelmente, 75. E nada funcionou.

Então, cinco anos atrás, você tentou a terapia de eletrochoque. Como você e a equipe médica optaram por esse tratamento? Você teve medo? O que o levou a ele?

Eu estava muito mal, pior do que nunca. Meu psicofarmacologista, ligado à Universidade Columbia, vinha me tratando e experimentando coisas diferentes. Várias vezes ele já havia falado: "Ok, acho que chegou a hora da ECT [terapia eletroconvulsiva]." Eu pensei: "Vi o filme *Um estranho no ninho*. Não existe a menor chance de você me amarrar àquela coisa."

Dizem que, quando a pessoa sofre o bastante, ela muda. E, por fim, eu sofri o bastante. Falei: "Tudo bem, eu faço qualquer coisa." Ele me conduziu ao serviço ambulatorial de ECT, na Columbia. A coisa não tem mais nada a ver com *Um estranho no ninho*. A equipe me aplicou anestesia geral e um relaxante muscular. Contei de trás para a frente a partir de 100; cheguei a 88 e, então, acordei. O tratamento havia acabado. A eficiência é de 85% em casos de depressão unipolar e bipolar resistente à medicação, o que é simplesmente incrível.

Voltei três vezes por semana, durante quatro semanas. Depois da 12ª sessão, eu estava no parquinho com meus filhos em uma manhã de domingo e, de repente, me senti feliz pela primeira vez em minha vida adulta. Achei que estava tendo um infarto. O peso que vivia nos meus ombros sumiu, e eu me senti física e emocionalmente leve, o sol parecia diferente, as crianças estavam diferentes. Pensei: "Uau, estou feliz de verdade."

E tem mais: enquanto eu esperava na sala do ambulatório, sempre havia várias pessoas lá. Eu não era o único recebendo ECT. As pessoas simplesmente não falam no assunto.

Conte um pouco sobre os dias atuais.

Eu me senti bem por muito tempo. A ECT viabilizou a verdadeira terapia, e eu me dei conta de que nunca havia conseguido fazer terapia antes porque a depressão era esse muro enorme no meio do caminho. Algumas das constatações a que cheguei, muito dolorosas, tinham relação com a minha infância, com a minha vida e com o momento presente. Isso me causou nova depressão, que melhorou, depois piorou, melhorou outra vez e voltou a piorar.

Então, a coisa voltou ao ponto em que eu estava antes da ECT. Meu médico me disse: "OK, hora de experimentar a ketamina." Eu pensei: "Tudo bem, já ouvi falar dessa droga."

Era uma droga das baladas no início dos anos 2000.

Na verdade, a ketamina foi inventada em 1962 e usada como anestésico medicinal. Então, no final dos anos 1990, a academia começou a investigar seu uso como antidepressivo. Em

2000, pesquisadores da Universidade Yale conseguiram ótimos resultados com a substância. Agora, o FDA aprovou um spray nasal de ketamina da Johnson & Johnson, que é vendido para combater a depressão. Portanto, seu uso foi validado, embora a aprovação obtida pela Johnson & Johnson se refira a uma porção da droga ketamina.

Eu recebo aplicações intravenosas. A sessão dura 40 minutos; eu me sinto esquisito e um pouco aéreo durante 25 minutos e, depois, volto ao normal. A substância atua muito, muito rápido. Dentro de quatro ou cinco horas, em geral, os pensamentos suicidas desaparecem; a depressão vai embora. No entanto, os efeitos não são duradouros, a não ser que você receba várias aplicações. Durante três semanas, fui medicado às segundas e sextas, e, depois de seis sessões, a depressão desapareceu. Não tenho mais pensamentos suicidas.

É uma coisa nova. Então, os médicos não sabem muito bem como manter os efeitos. Mas, no fim das contas, a pessoa recebe uma dose muito pequena, de modo que a droga não se torna viciante. Um psiquiatra já se referiu à ketamina como o avanço mais incrível da psiquiatria dos últimos 50 anos.

Quando você tornou pública sua depressão, e por quê? Você escreveu sobre o assunto para a The Hollywood Reporter.[32]

Aquela foi a primeira vez que falei do assunto com franqueza. Escrevi sobre minha depressão depois que Robin Williams se suicidou, logo depois de eu ter concluído o tratamento com ECT. Pensei: "Se Robin Williams fez isso, qualquer pessoa pode ser afetada."

De qualquer forma, compartilhei o que escrevi apenas entre amigos. Então, em um intervalo de uma semana, Kate

Spade e Anthony Bourdain se suicidaram. Pensei: "É uma epidemia contra a qual preciso me posicionar. Preciso afastar o estigma. Preciso compartilhar minha experiência."

E, conforme você falou, visto de fora, pareço um sujeito normal "de sucesso", com família e negócios. Portanto, se isso pode me afetar, pode afetar qualquer pessoa. E quando digo que pode *me* afetar, não me refiro apenas à pessoa com depressão, mas a alguém que a pessoa conhece, a um membro da família ou a alguém com quem ela mora e que sofre de depressão.

Eu estava falando disso com meu médico quando ele disse "Faça a ECT". E acrescentou: "Talvez você tenha que faltar ao trabalho durante um mês." Respondi: "Não posso. O que eu vou dizer à empresa?" E ele: "Bom, vou lhe fazer uma pergunta. Digamos que você tivesse que colocar um *stent* no coração por causa de um infarto. Você faltaria ao trabalho para se internar?" Eu disse: "É claro que sim." E ele concluiu: "É a mesma coisa. É um problema de saúde. A única diferença é que se trata de uma doença no cérebro, não em outra parte do corpo."

O véu da vergonha é muito denso. Na época em que tornou sua doença pública, você estava trabalhando como autônomo. Acha que isso fez diferença?

Acho que facilitou as coisas, porque não precisei acertar nada com o RH ou com o departamento de relações públicas, ou ir até o CEO e dizer "Olha, talvez isso afete o preço das ações". Foi uma decisão minha. De qualquer maneira, mesmo se eu estivesse trabalhando em uma grande empresa naquele momento, eu teria insistido. Se eles dissessem: "Você não pode fazer isso de jeito nenhum", por qualquer que fosse a razão, eu teria dito: "Bom, então chegou a hora de eu contar minha história."

Como a história de sua vida influencia a cultura que você criou em sua própria empresa?

Eu sou muito franco. Minha equipe sabia que eu estava em tratamento. Eu dizia: "Sinto muito, não posso comparecer à reunião. Estou em tratamento e vou passar a tarde meio zonzo, não posso ir." Eu não dizia: "Tenho uma consulta médica, vou estar ocupado." Eu falava com franqueza.

Então, à medida que você fala do assunto como se fosse uma coisa normal, e deveria ser, você começa a combater o estigma. É algo como: "Ah, não posso vir hoje à tarde, tenho terapia." Se você fala assim, casualmente, as pessoas fazem uma cara estranha, mas logo começam a usar os mesmos termos de uma conversa normal. Elas começaram a fazer perguntas sobre meu tratamento, mas se sentiam como se estivessem sendo intrometidas. E eu dizia: "Não, por favor, eu quero falar disso. É assim, funciona desse jeito e coisa e tal." É inacreditável a quantidade de pessoas que se aproximam e dizem: "Será que você pode me recomendar um médico?"

E quando se trata de pessoas jovens, que não ocupam cargos de chefia, que não podem se levantar e dizer "Vou me afastar para fazer um tratamento", pois acreditam que isso as prejudicaria no futuro? Qual o seu conselho para essas pessoas e para a chefia que quer dar apoio a elas da forma adequada? O que você diria aos ocupantes de cargos de gerência que gostariam de ajudar?

Eu recorreria ao velho clichê: "Sem saúde, a gente não é nada." Portanto, faça o que for necessário para conseguir a ajuda de que precisa. Não é preciso contar tudo a todo mundo, falar além da conta, mas converse com as pessoas com quem você precisa conversar. E, com toda a franqueza, se os líderes da empresa não lhe derem apoio, saia, pois essa não é a cultura na qual você quer construir uma carreira ou passar mais um minuto sequer de sua vida. Vá para outro lugar onde lhe ofereçam apoio, porque isso é algo importante demais.

Eu diria aos gerentes para combater a estigmatização. Falar sobre assunto em termos comuns. Ser sensível e explicar à equipe: "Ouçam, estamos todos juntos. Por favor, me procurem pessoalmente se precisarem de qualquer coisa. Eu vou ajudar."

No fim das contas, é um negócio. A gerência quer que todo mundo seja o mais produtivo possível. Crie um ambiente no qual alguém possa dizer "Não estou bem hoje". Se você tem uma reunião, e alguém – digamos, a diretora cientista de dados – está muito deprimida, ela não vai contribuir muito para a reunião. Portanto, permita-lhe espaço para dizer: "Eu estou péssima hoje. Não consigo fazer nada" ou "Preciso me tratar".

Como gerente, é bom saber quem na equipe está ou não se sentindo bem em determinado dia, e quem pode e quem não pode contribuir com o trabalho. Além disso, é o que se espera de um ser humano empático.

Morra Aarons-Mele é empreendedora, especialista em marketing on-line e executiva de comunicação. Fundadora da premiada agência de comunicação estratégica Women Online e do banco de dados de influenciadores The Mission List, Aarons-Mele ajudou Hillary Clinton a se conectar para seu primeiro bate-papo pela internet e já lançou campanhas digitais em nome do ex-presidente Obama, de Malala Yousafzai, da Organização das Nações Unidas, e de muitas outras pessoas e organizações de destaque. Sendo ela mesma uma pessoa extremamente ansiosa e introvertida, apresenta o muito bem ranqueado podcast *The Anxious Achiever*, da HBR Presents, ligada à Harvard Business Review. Aarons-Mele adora ajudar as pessoas a repensarem a relação entre saúde mental e liderança.

Paul Greenberg é CEO na produtora audiovisual Butter Works e tem enfrentado problemas ligados à saúde mental ao longo de toda a vida. Experimentou muitos tratamentos contra a depressão severa, sendo os mais bem-sucedidos a terapia eletroconvulsiva (ECT) e a ketamina. Paul é um ativista da desestigmatização dessas doenças e do apoio às pessoas para que recebam o tratamento de que precisam.

Capítulo 19
Como oferecer benefícios relativos à saúde mental adequados aos funcionários integrantes de grupos raciais minoritários

Andrea Holman e Joe Grasso

"Eu não estou bem. Sei que preciso estar. E vou ficar. Mas não estou nada bem."

Depois que o assassinato de Ahmaud Arbery passou a receber cada vez mais atenção da mídia, em abril de 2020, eu, Andrea, compartilhei esses sentimentos conflitantes, ainda que honestos, com um colega. A sensação descrita como "nada bem" era, na verdade, estresse psicológico. Eu estava nervosa, mentalmente exausta e o tempo inteiro perturbada pela dor de mais

---

Adaptado de *"Are You Offering the Mental Health Benefits Your BIPOC Employees Need?"*, em hbr.org, 11 de setembro de 2020.

um assassinato com motivação racial e pelo medo de que isso pudesse acontecer com alguém que amo. Ainda que eu não tivesse nenhuma relação direta com Ahmaud Arbery, a tragédia me atingia pessoalmente, por causa de um fenômeno psicológico denominado destino racial compartilhado.

Gerenciar meu estresse se tornava algo ainda mais complicado pela pressão que eu sentia no trabalho por ter que manter um desempenho exemplar, fardo tornado ainda mais pesado diante do entendimento de que as finanças de minha família e minha reputação profissional dependiam de minha capacidade de compartimentalizar e de suprimir minhas emoções durante o expediente.

Mesmo levando em conta meu histórico de saúde mental, não rotulei da forma correta o que eu estava atravessando – estresse traumático vinculado à raça – até conversar com um terapeuta.

Para minha sorte, os benefícios de assistência à saúde mental aos quais tive acesso me permitiram conversar com um profissional que me ajudou a processar minhas reações e a desenvolver estratégias com o objetivo de gerenciar as emoções e tomar conta de mim mesma.

Infelizmente, muitas pessoas negras não têm acesso a recursos similares. Nem os negros são os únicos a experimentar estresse vinculado à raça. Milhões de pessoas de grupos raciais minoritários carregam o peso psicológico do racismo ao longo da vida, inclusive no trabalho, e apenas uma pequena parcela dessas pessoas consegue acesso a um plano de saúde mental que leve em conta a diversidade cultural e outros benefícios disponibilizados por seus empregadores.

Nos últimos anos, muitas empresas assumiram o compromisso de fornecer auxílio mais adequado aos empregados não brancos, em particular no que se refere à saúde mental. Para que essa iniciativa seja bem-sucedida, as empresas precisam oferecer serviços que atendam às necessidades específicas desses empregados em relação ao tema.

Na empresa Lyra Health, Joe costuma interagir com equipes gerenciadoras de benefícios concedidos por empregadores que cada vez mais reconhecem as desvantagens de um programa de saúde mental padronizado. Então, o que caracteriza os programas mais eficazes? Acreditamos que eles precisam cobrir dois pontos-chave: oferecer benefícios culturalmente apropriados e garantir que os empregados que precisam de ajuda de fato usufruam desses benefícios.

Ofereça benefícios de saúde mental que funcionem

A maioria dos grandes empregadores oferece benefícios de saúde mental por intermédio de um plano de assistência ao empregado. No entanto, esses planos não costumam ser adequados às necessidades específicas das minorias raciais. Ainda que os índices de doença mental entre pessoas negras sejam comparáveis aos de outros grupos raciais, essa comunidade enfrenta uma prevalência maior de sintomas severos que resultam em incapacitação. Os dados são ainda mais preocupantes quando somados ao fato de que os indivíduos minoritários apresentam uma tendência menor a buscar tratamento do que outros grupos, em razão do estigma, da compreensível atitude defensiva em relação aos planos de saúde e da falta de acesso a um atendimento que leve em conta a diversidade cultural. Muitas dessas barreiras estão enraizadas na história de maus-tratos por parte dos profissionais de saúde mental.

Alguns estudos revelam que, mesmo quando membros de grupos minoritários obtêm acesso a esses serviços, costumam logo interromper o tratamento, diminuindo a probabilidade de passarem por todas as fases recomendadas pelas diretrizes clínicas. É comum os programas de assistência tradicionais exacerbarem o problema ao oferecer seis ou menos sessões para o tratamento de um dado quadro clínico. Assim, a cobertura não raro se encerra muito antes que vários dos protocolos de tratamento comprovadamente eficazes sejam completados.

A fim de garantir que os benefícios referentes à saúde mental oferecidos pela empresa enfrentem esses obstáculos, considere as seguintes dimensões do programa:

- **Acesso:** é fácil e rápido encontrar horários disponíveis e agendar uma consulta com um profissional? A empresa oferece agendamento on-line e adequação de profissionais às necessidades dos empregados? Um programa de benefícios na área da saúde mental deve ser capaz de disponibilizar tempo de espera por uma consulta que seja considerado razoável, com a possibilidade de consultas dentro de 24 horas para casos urgentes ou sintomas severos.

- **Responsividade cultural:** os profissionais da rede são selecionados levando-se em conta o uso de métodos culturalmente responsivos, como a capacidade de avaliar fatores culturais que impactam a vida dos clientes, experiência e treinamento no tratamento de estresse vinculado à raça e competência na adaptação do tratamento às necessidades culturais do indivíduo? Além disso, qual programa de educação continuada o plano oferece aos profissionais a fim de garantir que eles tenham fácil acesso a um treinamento de alta qualidade e culturalmente embasado? Os treinamentos devem cobrir questões relativas à raça e à etnicidade, mas também promover o atendimento sensível à diversidade cultural e a outros aspectos da identidade do indivíduo, como práticas de avaliação e o diálogo com pessoas transgênero.

- **Diversidade de profissionais:** o plano de saúde mental da empresa recruta e incentiva a participação de profissionais de diversas raças? Faça um levantamento das iniciativas de promoção da diversidade dentro da rede do plano e indague se eles fazem avaliações frequentes a fim de verificar o equilíbrio da representatividade racial entre os profissionais.

- **Eficácia:** os profissionais da rede são avaliados quanto ao uso de terapias baseadas em evidências que se mostraram eficazes em populações diversas? O plano de saúde da empresa acompanha os resultados clínicos específicos no universo de seus funcionários? Um plano de assistência deve ter dados que mostrem que a maioria dos sintomas dos problemas mentais dos empregados de fato melhoram.

- **Flexibilidade:** os colaboradores conseguem acesso a cuidados de acordo com preferências pessoais? Isso pode significar a possibilidade de atendimento presencial, por telefone ou por videochamada.

- **Cobertura específica:** os empregados conseguem encontrar com facilidade profissionais especializados no tratamento de problemas específicos, como transtorno de estresse pós-traumático, ou de populações específicas, como crianças e adolescentes?

Incentive a utilização por meio de informações e parceria

Oferecer o benefício de saúde mental adequado é o primeiro passo. No entanto, nem o melhor dos benefícios será eficaz se não for utilizado. Muitos planos de assistência apresentam taxas de utilização muito baixas, inclusive entre empregados que se identificam como membros de grupos minoritários, o que alguns especialistas atribuem ao estigma e à falta de informação. Muitos deles simplesmente não sabem quais planos de assistência se encontram disponíveis. Os empregadores precisam promover os benefícios por meio do uso tanto de dados quanto de relatos, com o objetivo de normalizar a questão, informando também como as terapias baseadas em evidências são capazes de tratar de modo eficaz uma ampla variedade de problemas de saúde mental, desde a ansiedade mais branda até insônia e traumas.

Os empregadores devem considerar também a criação de parcerias com grupos de recursos de funcionários minoritários ou com grupos de afinidade. Esses grupos podem disponibilizar espaços seguros para discussões sobre estresse traumático vinculado à raça entre os empregados e sobre interseção entre saúde mental e diversidade cultural. Pergunte às lideranças desses grupos se elas teriam interesse em permitir a presença de um representante do RH e, talvez, de um profissional da rede do plano de assistência em uma das reuniões, com o intuito de conversarem sobre os obstáculos que impedem empregados integrantes de grupos minoritários de buscar ajuda e como superá-los. Caso o plano da empresa de fato cubra as dimensões elencadas acima, você pode usar a reunião para ressaltar certos aspectos, como a possibilidade de ser atendido por um profissional treinado para lidar com a diversidade cultural.

Nós acreditamos ainda que o esforço de divulgação terá mais eficácia se as lideranças dos grupos minoritários advogarem em seu favor. Quando um executivo pertencente a um grupo minoritário compartilha sua história pessoal sobre a saúde mental, isso pode ajudar a enfrentar o estigma e encorajar o acesso aos benefícios.

À medida que as empresas tentam construir e apoiar uma força de trabalho mais diversa e inclusiva, as lideranças precisam entender que o estresse vinculado à raça pode ser um fardo singular e constante para muitos desses empregados que elas tentam defender. Oferecer e promover benefícios referentes à saúde mental com eficácia comprovada, que levem em conta a diversidade cultural e que sejam apoiados pelos líderes das empresas, pode gerar um progresso significativo na valorização de mentes, corpos e almas dos empregados integrantes de grupos minoritários.

Andrea Holman começou a trabalhar para a Lyra Health como gerente de um programa de diversidade, equidade, inclusão e pertencimento para transformação da força de trabalho, em junho de 2021. Antes disso, atuou como professora associada de Psicologia na Universidade Huston-Tillotson, em Austin, no Texas, na qual deu aulas a alunos de graduação. Há vários anos, a terapia tem sido sua auxiliar no gerenciamento dos sintomas de ansiedade e estresse.

Joe Grasso é psicólogo clínico e diretor sênior de transformação da força de trabalho na empresa Lyra Health, onde faz parcerias com empregadores para o desenvolvimento de estratégias de saúde mental no trabalho e utilização de programas psicoeducacionais. Antes de se juntar à Lyra Health, Grasso conduziu pesquisas em serviços de saúde e gerenciou a implementação de um programa de treinamento nacional para clínicos em saúde mental. Ele mesmo se beneficiou da terapia, em especial durante períodos de transições desafiadoras.

Capítulo 20
Como formar um grupo de recursos de funcionários dedicado à saúde mental

Jen Porter, Bernie Wong e Kelly Greenwood

Todo mês, os membros do grupo de recursos de funcionários (ERG na sigla em inglês) da sede da corporação Best Buy se reúnem para compartilhar suas histórias. As discussões do grupo envolvem temas como comunidade negra e saúde mental, veteranos, relação entre saúde mental e assédio sexual, o modo como os membros lidam com o TOC e o impacto da saúde mental na vida das mulheres. No decorrer da pandemia de covid-19, o grupo manteve encontros virtuais a fim de falar sobre a saúde mental durante a crise. Saindo de uma dessas reuniões, um dos membros disse: "Essa é a coisa mais impactante que já fiz aqui."

Adaptado de "How to Form a Mental Health Employee Resource Group", publicado em hbr.org, 19 de maior de 2020.

Os grupos de recursos de funcionários são montados para criar o senso de comunidade entre pessoas com identidades ou experiências profissionais em comum. Quando conduzidos de modo cuidadoso, os grupos que se concentram em saúde mental promovem diversidade e inclusão e fornecem apoio aos empregados que estejam lidando com sintomas de problemas mentais. Os mais eficazes são capazes de lançar mão dos três métodos principais de redução do estigma em torno da saúde mental: conexão social, educação e apoio entre colegas.

Apesar da necessidade significativa de mais programas assim, eles ainda não são tão disseminados nos Estados Unidos. Considere que 76% dos empregados estadunidenses tiveram sintomas de problemas mentais em 2021 e que 8 em cada 10 trabalhadores não buscaram tratamento por causa do constrangimento.[33] Não obstante, as diferenças geracionais são marcantes e mostram que a mudança está a caminho: um estudo realizado em 2021 envolvendo trabalhadores nos Estados Unidos revelou que 68% dos chamados millenials e 81% da chamada Geração Z já deixaram um cargo por questões de saúde mental, em comparação aos 50% de todos os participantes da pesquisa.[34]

Na Mind Share Partners, nós acreditamos que os programas de recursos de funcionários dedicados à saúde mental são parte importante da solução. Passamos os últimos anos trabalhando com empresas líderes durante o lançamento e o aprimoramento de programas desse tipo. Hoje, mais empresas estão se dando conta de que precisam seguir por esse caminho. A seguir, vamos compartilhar os passos fundamentais que testemunhamos serem seguidos por empresas com programas eficazes e como você pode fazer o mesmo.

Entenda o que saúde mental realmente significa

Muitas empresas enxergam os grupos de recursos de funcionários voltados à saúde mental como uma subdivisão de outras comunidades, como as que envolvem trabalhadores com deficiências, as que tratam do bem-estar geral ou as que são voltadas a trabalhadores neurodivergentes. Com isso, os empregadores com programas dedicados a essas comunidades podem pensar que eles também prestam apoio às pessoas que lidam com transtornos mentais quando, na verdade, não fazem o suficiente.

A maioria dos problemas de saúde mental são tratáveis, e a vasta maioria das pessoas vai deparar com algum tipo de transtorno mental ao longo da vida. Enquadrar a saúde mental no campo das deficiências pode, na verdade, desencorajar aqueles cuja experiência com problemas mentais é invisível ou temporária ou aqueles que reconhecem nas questões de saúde mental atributos positivos. De modo semelhante, enquadrar a saúde mental como parte do bem-estar geral e se concentrar apenas em experiências preliminares, como gerenciamento do estresse, atenção ou resiliência, pode aumentar o estigma entre aqueles que lidam com uma doença diagnosticável, em especial se ela nunca é mencionada.

Por essa razão, nós recomendamos a criação de um grupo de recursos de funcionários que tenha a saúde mental como foco central ou, no mínimo, que defina a saúde mental como uma área de interesse em um grupo mais amplamente definido. Fazer isso ajuda a delimitar o foco e reduz os obstáculos à entrada de pessoas que possam não se identificar com o grupo maior. Ademais, de acordo com Rachel Parrott, ex-gerente de diversidade e inclusão na New Relic, os grupos de recursos de funcionários que tentam abordar todos os aspectos de bem-estar ou deficiência, sem distinção, correm o risco de "sobrecarga de agenda".

Monte uma coalisão para começar

Se sua empresa tem um procedimento estabelecido para autorizar a criação de um grupo de recurso de funcionários, prepare-se para explicar por que a saúde mental é importante. Reúna outros funcionários que possam defender a causa a seu lado a fim de demonstrar que a necessidade existe. Caso seja possível, obtenha o apoio de um executivo da empresa. Essa é uma boa maneira de agregar uma contribuição relevante.

Caso a empresa não tenha grupos de recursos de funcionários já estabelecidos, comece devagar com quaisquer meios disponíveis. Por exemplo, crie um canal sobre saúde mental no Slack ou organize um almoço informativo. Qualquer coisa que se faça para demonstrar interesse e dar início à conversa faz diferença na validação da causa.

Quando o grupo estiver formalizado, lembre-se de, desde o início, contar com equipes jurídicas e de RH. Se essas equipes se mostrarem hesitantes em abordar a saúde mental, apresente exemplos de outras empresas com esse tipo de grupo.

É importante ressaltar que os empregadores não devem criar situações nas quais um empregado possa inadvertidamente ou contra sua vontade expor um problema de saúde mental pelo simples fato de ter aderido ao grupo ou participado de uma atividade do grupo. Para evitar situações assim, os grupos devem ser formatados para atender quaisquer pessoas impactadas por questões de saúde mental, seja por experiência própria, no papel de cuidadores, por meio da doença de alguém da família ou como aliados. A Zillow, por exemplo, cuida desse aspecto por meio da inclusão da ideia de aliança no nome do grupo: Ativistas com e sem Deficiência em Parceria.

Torne seguro o compartilhamento de histórias pessoais

Dentre as ferramentas mais potentes de que um grupo desse tipo dispõe está a capacidade de criar um fórum para compartilhamento de histórias. Em nosso trabalho com empresas, descobrimos que o relato de histórias reduz o isolamento, fomenta a vivência em comunidade e reduz o estigma dos problemas mentais. Para os empregados que não buscam ajuda por se sentirem constrangidos, a mensagem transmitida é "Você não está sozinho". Aos que não sabem onde pedir ajuda, o fórum abre o caminho. Aos que se sentem sobrecarregados com as demandas do trabalho de cuidador, o ambiente promove conexões.

Há várias maneiras de criar um ambiente seguro no qual as pessoas possam compartilhar suas histórias. Em algumas empresas, como a Best Buy, o fórum é privado, com "regras de silêncio", ou seja, as informações trocadas durante os encontros são confidenciais. Uma alternativa são os programas de escuta entre colegas, como o Peer Network, na Reuters, que facilitam a realização de conversas privadas sobre saúde mental entre os colegas.

Os dois tipos de fórum estabelecem regras básicas de comunicação com o intuito de conduzir os colaboradores, com segurança, ao engajamento uns com os outros. É comum que se peça aos membros dos grupos para serem cuidadosos e que se limitem ao aconselhamento e ao compartilhamento de dicas sobre saúde mental em termos gerais, em vez de agir como se fossem terapeutas. Acima de tudo, os membros devem seguir a orientação da empresa e procurar ajuda no caso de alguém apresentar indícios de que pode se machucar.

Em outras empresas, os empregados optam por falar mais abertamente. Uma funcionária da Lucidhart, por exemplo, organizou um almoço informativo durante o qual compartilhou sua experiência com o transtorno de ansiedade generalizada. Durante o evento anual KnitCon, no Pinterest, dois funcionários falaram sobre saúde mental em tempos de covid-19 e compartilharam um esquema de como pedir ajuda. O Yahoo! organiza encontros em torno de um filme ou jogo de tabuleiro. O estímulo inicial tem o objetivo de encorajar o grupo a conversar sobre o modo como o cérebro funciona ou sobre algum aspecto da saúde mental.

Quando pensar em formas de facilitar o compartilhamento de histórias em seu próprio grupo, lembre-se de que não existe um modo certo de agir. Qualquer que seja a decisão tomada, peça sugestões aos membros do grupo e considere aquelas que se adequem a todos.

Informe as pessoas

Apesar de os problemas mentais serem comuns, eles são também associados a altos níveis de constrangimento em decorrência de equívocos amplamente difundidos, como a ideia de que os transtornos são raros e que atingem apenas pessoas de baixo desempenho. Os grupos de recursos de funcionários oferecem um caminho para que você possa educar sua empresa no entendimento oposto. Ao organizar almoços informativos e apoiar treinamentos e eventos, esses grupos podem acolher pessoas impactadas por problemas de saúde mental que talvez não queiram se juntar a um grupo por causa do estigma.

Organizações que pretendem aprimorar os recursos virtuais podem seguir os passos de empresas como a RetailMeNot. Seu grupo de recursos de funcionários, chamado RMN caRe, educa os funcionários por meio de um canal de Slack específico, eventos remotos simultâneos com palestrantes convidados e cartilhas sobre os benefícios e as diretrizes ao se falar de saúde mental.

Já testemunhamos também a parceria de grupos de recursos de funcionários com outros grupos identitários com o intuito de oferecer suporte aos empregados. Essa estratégia é eficaz sobretudo porque a prevalência e as causas dos transtornos mentais costumam diferir entre as comunidades. Por exemplo, funcionários LGBTQIAPN+ são três vezes mais propensos a enfrentar um problema de saúde mental do que integrantes de outros grupos. As mulheres têm probabilidade maior de já ter recebido um diagnóstico de problema mental, mas são, também, mais abertas à ideia de buscar tratamento. Os grupos de recursos de funcionários voltados à saúde mental são particularmente adequados ao trabalho com esses grupos, e a parceria possibilita conversas com nuances específicas sobre experiências típicas de uma dada comunidade.

Consiga apoio da empresa como um todo

Os grupos de recursos de funcionários são apenas um componente de um movimento mais amplo de mudança cultural em torno da saúde mental no ambiente de trabalho. Ainda que sejam uma ferramenta poderosa de educação e de fomento ao senso de comunidade, esses grupos, para que obtenham o sucesso esperado, devem receber apoio tanto de cima para baixo quanto de baixo para cima. É fundamental que os executivos, em especial, verbalizem a importância da saúde mental para a empresa e, sempre que possível, compartilhem as próprias experiências a fim de assegurar que a mensagem não seja vista como mero "cumprimento de tabela".

Aqueles em busca de inspiração podem seguir os passos de Guru Gowrappan, quando atuou como CEO do Yahoo!. Ele compartilhou um vídeo no qual colaboradores discutem a necessidade de reduzir o estigma sobre transtornos mentais e investiu em treinamento para a equipe executiva. Gowrappan escreveu sobre o evento no e-mail semanal direcionado a todos os funcionários, e vários líderes seguiram o exemplo e se dirigiram às respectivas equipes com o intuito de comunicar o apoio à saúde mental, expressando o desejo de continuar a conversa. Segundo nos contou um dos funcionários, "era visível o comprometimento dos líderes".

Ainda assim, não basta falar. As empresas precisam sustentar suas propostas por meio de benefícios relacionados à saúde mental que sejam suficientes e de fácil acesso, de modo que os empregados que precisem de ajudam possam obtê-los. Mesmo que isso possa parecer dispendioso, a recompensa virá. Organizações que adotam esforços abrangentes em relação à cultura da empresa podem contar com um retorno do investimento da ordem de seis para um.[35]

Como qualquer iniciativa, os grupos de recursos de funcionários que carecem de recursos e de influência efetiva contribuirão muito pouco para uma mudança geral na empresa. No entanto, caso sejam integrados às prioridades da companhia, como parte de uma estratégia mais ampla de saúde mental, podem ser um alicerce poderoso na construção de ambientes de trabalhos saudáveis para todos.

Jen Porter é diretora de operações e integra a diretoria da Mind Share Partners, organização sem fins lucrativos que busca mudar a cultura da saúde mental no ambiente de trabalho para que empregados e empresas consigam prosperar. A organização fornece treinamento e aconselhamento estratégico para grandes empresas, cria comunidades em apoio a grupos de recursos de funcionários e profissionais e contribui para a conscientização pública. Jen ajudou a fundar duas organizações sem fins lucrativos e, ao longo do caminho, enfrentou depressão durante a gravidez, além de períodos de burnout.

Bernie Wong é gerente sênior de insights e integra a diretoria da Mind Share Partners. Bernie tem um longo e íntimo relacionamento com a depressão crônica que o leva a buscar tanto formação em saúde mental quanto uma carreira dedicada ao tema, por meio das lentes da saúde pública, da sociologia e do ativismo.

Kelly Greenwood é fundadora e CEO da Mind Share Partners. Kelly aprendeu a gerenciar o transtorno de ansiedade generalizada que por duas vezes a levou a uma depressão debilitante. Fundou a Mind Share Partners para criar recursos aos quais gostaria de ter tido acesso, junto a seus chefes e sua empresa, na época em que estava em apuros. Siga Kelly no Twitter: @KellyAGreenwood.

Capítulo 21
Como incorporar a saúde mental às normas da empresa

Kelsey Raymond

Imagine como você reagiria se um de seus funcionários entrasse no escritório arrastando uma perna quebrada ou se ele estivesse trabalhando visivelmente doente. Você não iria ignorar a saúde física dessa pessoa ou dizer que ela precisa deixar os problemas pessoais em casa. Você a conduziria ao atendimento de emergência e perguntaria se poderia fazer algo para ajudar na recuperação.

A verdade é que os problemas de saúde dos empregados quase nunca se reduzem a algo tão óbvio quanto uma perna quebrada ou uma gripe. Às vezes, a pessoa trava uma luta silenciosa contra transtornos mentais que ninguém vê. No entanto, a necessidade de atendimento e de ajustes adequados tem a mesma importância. Levando-se em conta as estatísticas, é provável que ao menos

---

Adaptado de "How We Rewrote Our Company's Mental Health Policy", publicado em hbr.org, 11 de julho de 2016.

uma pessoa de sua equipe esteja enfrentando um problema de saúde mental neste momento.

Sem um plano de saúde mental adequado, a empresa não apenas negligencia o bem-estar dos empregados, como também deixa de obter os retornos significativos que trabalhadores em plena saúde são capazes de fornecer. Como líder de uma organização, você tem o poder e a responsabilidade de melhorar as diretrizes a fim de prestar melhor assistência aos funcionários. A seguir, veja como minha empresa, Influence & Co., elaborou um novo regimento de saúde mental e discutiu a proposta com nossa equipe – e como você pode fazer algo semelhante.

Passo 1: Defina os objetivos

Em primeiro lugar, eu me reuni com o diretor de RH a fim de identificar os elementos mais importantes a serem incluídos no regimento. Acima de tudo, queríamos ressaltar que as doenças mentais afetam as pessoas de formas diferentes, usar uma linguagem inclusiva e ter a certeza de que todos os empregados se sentiriam contemplados pelo novo programa.

Para isso, convide funcionários para que lhe comuniquem diretamente suas ideias em torno de um programa de saúde mental. Os membros de minha equipe começaram a compartilhar suas ideias comigo depois de um retiro da empresa no qual conversamos sobre o histórico de doenças mentais em minha família. A interação durante uma atividade em equipe abriu caminho para outras conversas.

A inclusão de alguns funcionários nesse processo, seja por meio de uma atividade no retiro seguinte ou durante uma reunião privada, pode lhe proporcionar ótimas ideias de como alcançar os objetivos traçados.

Passo 2: Pesquise e registre

Com os objetivos definidos e ciente das ideias dos funcionários, a diretoria do RH deve providenciar um esboço baseado na pesquisa em torno da linguagem e dos acordos adotados por outras empresas. A partir daí, deve-se pesquisar o que as organizações que lidam com saúde mental recomendam em relação ao apoio a pessoas que enfrentam doenças mentais.

Essa é uma etapa muito importante se, assim como a minha empresa, a sua não tiver registros de uma normativa abrangente sobre saúde mental. E, mesmo que tenha, uma pesquisa de praxe manterá a empresa atualizada em relação aos últimos avanços por parte de especialistas e grandes organizações a fim de garantir que a linguagem do regimento e os acordos sejam os mais adequados aos empregados.

Depois da pesquisa, a diretoria do RH deve rascunhar a normativa. Lembre-se de que, a essa altura, trata-se de um trabalho em curso. Limite sua participação ao processo de revisão e encoraje o RH a incorporar suas ideias iniciais de modo que se promovam os valores da empresa e que a normativa funcione em harmonia com outras diretrizes existentes.

Passo 3: Consulte o suporte jurídico

Depois de ter rascunhado o texto, nós o enviamos ao nosso advogado trabalhista, que forneceu conhecimento e recomendações adicionais com o intuito de garantir que tudo sugerido e prometido na normativa era legal e estava de acordo com as diretrizes já existentes. Ele nos ajudou a revisar a linguagem e a incluir uma informação específica sobre confidencialidade. A última coisa que você quer é gastar recursos criando um regimento que não pode ser validado ou legalmente implementado. Peça orientação jurídica antes de seguir em frente.

Passo 4: Consulte um ativista da saúde mental

Como não tínhamos um profissional de saúde mental na empresa, sabíamos que precisaríamos consultar um especialista. Essa pessoa teve um papel fundamental no processo e ajudou nossa equipe a refinar e a implementar a nova política. O envolvimento dela foi o componente mais importante desse processo.

Com o objetivo de nos ajudar, a ativista da saúde mental forneceu orientação sobre linguagem apropriada, técnicas de comunicação aberta, opções de acordos e soluções criativas sobre como atuar junto aos empregados para apoiá-los. Um ativista da saúde mental é capaz de ressaltar detalhes que você nunca levaria em consideração, o que pode significar a diferença entre uma política que não passa de um gesto bonito e outra que seja de fato eficaz.

Passo 5: Apresente a normativa e ofereça treinamento

Não corra o risco de que seus funcionários interpretem de modo equivocado os benefícios ou acordos específicos da normativa por causa de uma leitura apressada do documento em um e-mail. Crie um evento ou monte uma oficina sobre o documento a fim de explicar exatamente o que essa normativa significa para cada membro das equipes e como ela surgiu.

Para essa etapa, recomendo que o ativista da saúde mental seja convidado para prestar auxílio à empresa; as oficinas de treinamento que nossa ativista montou foram parte essencial do processo para a equipe, e, sem ela, não teríamos conseguido.

Minha equipe decidiu montar duas oficinas: uma exclusiva para a diretoria e seus subordinados diretos e outra para todos os funcionários.

- **Treine as pessoas em posição de liderança primeiro.** Antes de apresentar o programa à empresa como um todo, tenha certeza de que os gerentes e seus subordinados diretos entendem seu papel na implementação da política. Com um ativista da saúde mental e a diretoria do RH, apresente aos líderes cada ponto do programa e explique o que se espera – e o que não se espera – da parte deles. Ainda que essas pessoas devam estar preparadas para apoiar os colegas de trabalho e responder a perguntas sobre a normativa, não devem se sentir responsáveis por "resolver" o problema mental de nenhum funcionário.

- **Treine toda a equipe.** A seguir, apresente o regimento a toda a equipe e associe a apresentação a um treinamento sobre saúde mental no ambiente de trabalho. Nossa ativista fez uma apresentação que abordou como uma pessoa pode identificar sinais de transtornos mentais em si mesma, como pedir ajuda quando necessário, como encontrar os profissionais adequados, como adaptar o trabalho à doença e como apoiar outras pessoas em sofrimento. De posse desse novo conhecimento e com a normativa em vigor, toda a equipe se sentiu mais preparada e apoiada.

Ambas as sessões encorajaram nossa equipe a falar abertamente sobre saúde mental, e eu recebi retornos muito positivos, tanto de líderes quanto dos demais funcionários. Membros da equipe de apoio direto me procuraram para dizer que se sentiam muito mais capacitados a ajudar alguém em situações relacionadas com a saúde mental. Nas palavras de um dos funcionários: "Eu só queria dizer o quanto gostei da normativa sobre saúde mental. Muito pouca gente – e menos ainda empregadores – consideram a importância da saúde mental no ambiente de trabalho. Eu adoro trabalhar em uma empresa que é tão progressista e aberta em relação à assistência à saúde do empregado. Eu me sinto mais confortável e valorizado como funcionário."

O bem-estar dos funcionários não é um conceito novo. Empresas por todos os Estados Unidos oferecem aos empregados matrícula gratuita em academias e aulas de yoga, além de incentivos a dietas saudáveis; a grande lacuna é um foco equivalente nos programas de saúde mental. Como líder da empresa, você tem o poder de mudar a atitude da organização e de apoiar boas mudanças sistêmicas em torno da saúde mental. Ao menos uma pessoa em sua equipe está esperando por isso. A hora é agora.

Kelsey Raymond é cofundadora e CEO da Influence & Co., uma firma de marketing de conteúdo especializada em ajudar empresas a traçar estratégias, criar, publicar e distribuir conteúdo que alcance os objetivos delineados. Entre os clientes da empresa estão start-ups com capital de risco e grandes corporações.

Notas

Introdução

1. Haroon Siddique, "Depressed Workers More Productive If They Can Talk to Their Bosses", *Guardian*, 23 de julho de 2018, https://www.theguardian.com/society/2018/jul/23/depressed-workers-more-productive-if-they-can-talk-to-their-bosses.

Capítulo 1

2. Jonathan D. Schaefer et al., "Enduring Mental Health: Prevalence and Prediction", *Journal of Abnormal Psychology* 126, n. 2 (2017): 212/224, https://pubmed.ncbi.nlm.nih.gov/27929304/.
3. Mind Share Partners, *Mental Health at Work 2019 Report*, https://www.mindsharepartners.org/mentalhealthatworkreport.
4. "The ADA: Your Responsibilities as an Employer", *U.S. Equal Employment Opportunity Commission*, https://www.eeoc.gov/publications/ada-your-responsibilities-employer.

Capítulo 2

5. "World Mental Health Day: An Opportunity to Kick-Start a Massive Scale-up in Investment in Mental Health", Organização Mundial da Saúde, 7 de agosto de 2020, https://www.who.int/news/item/27-08-2020-world-mental-health-day-an-opportunity-to-kick-start-a-amassive-scale-up-in-investment-in-mental-health; "Adult Data 2021", Mental Health America, https://www.mhanational.org/issues/2021/mental-health-america-adult-data#two.

6. "The State of Mental Health in America", *Mental Health America*, https://www.mhanational.org/issues/state-mental-health-america.

Capítulo 4

7. Michael Christopher Melnycheck et al., "Coupling of Respiration and Attention via the Locus Coeruleus: Effects of Meditation and Pranayama", *Psychophisiology* 55, número 9 (2018), https://onlinelibrary.wiley.com/doi/abs/10.1111/psyp.13091.
8. Tim Blankert e Melvyn R. W. Hamstra, "Imagining Success: Multiple Achievement Goals and the Effectiveness of Imagery", *Basic and Applied Social Psychology* 39, número 1 (2017): 60-67, https://www.ncbi.nlm.nih.gov/pmc/articles/PMC5351796/.
9. E. Kross e O. Ayduk, "Self-Distancing: Theory, Research, and Current Directions", Advances in Experimental Social Psychology, 2016, http://selfcontrol.psych.lsa.umich.edu/wp-content/uploads/2017/04/SD.pdf.
10. Kross e Ayduk, "Self-Distancing."

Capítulo 8

11. "Diversity and Health Equity Education, Women", *American Psychiatric Association*, https://www.psychiatry.org/psychiatrists/cultural-competency/education/women-patients.
12. "Diversity and Health Equity Education, Women", *American Psychiatric Association*.
13. Mind Share Partners, *Mental Health at Work 2021 Report*, https://www.mindsharepartners.org/mentalhealthatworkreport-2021.
14. "Women @ Work: A Global Outlook", Deloitte, n.d., https://www2.deloitte.com/global/en/pages/about-deloitte/articles/women-at-work-global-outlook.html.
15. "Creating Mentally Healthy Workplaces and Programs", Mind Share Partners, n.d., https://www.mindsharepartners.org/worplacementalhealthframework.

Capítulo 9

16. Sierra E. Carter et al., "The Effect of Early Discrimination on Accelerated Aging Among African Americans", *Health Psychology* 38, número 11 (2019): 1010-1013.

17. Lene E. Sovold et al., "Prioritizing the Mental Health and Well-Being of Healthcare Workers: An Urgent Global Public Priority", *Frontiers in Public Health*, 7 de maio de 2021, https://www.frontiersin.org/articles/10.3389/fpubh.2021.679397/full.

Capítulo 11

18. S. G. Goldberg, M. B. Killeen e B. O'Day, "The Disclosure Conundrum: How People with Psychiatric Disabilities Navigate Employment," *Psychology, Public Policy, and Law*, 11, número 3 (2005): 463-500, https://psycnet.apa.org/doiLanding?doi=10.1037%2F1076-8971.11.3.463.

Capítulo 13

19. "Mental Health by the Numbers," National Alliance on Mental Illness, n.d., https://www.nami.org/mhstats.

20. Hillary Hoffower, "Depression Is on the Rise Among Millenials, but 20% of Them Aren't Seeking Treatment – and It's Likely Because They Can't Afford It", *Bussiness Insider*, 4 de junho de 2019: https://www.businessinsider.com/depression-increasing-among-millenials-gen-z-heathcare-burnout-2019-6.

21. Judy Martin e Kristi Hedges, "Tackling Depression at Work as a Productivity Strategy", *Forbes*, 23 de outubro, 2012: https://www.forbes.com/sites/work-in-progress/2012/10/23/tackling-depression-at-work-as-a-productivity-strategy/#258e6bf12294.

22. Carsten C. Schermuly e Bertolt Meyer, "Good Relationships at Work: The Effects of Leader-Member Exchange and Team-Member Exchange on Psychology Empowerment, Emotional Exhaustion, and Depression", *Journal of Organizational Behaviour* 37, número 5 (2015): 673-691, https://onlinelibrary.wiley.com/doi/abs/10.1005/job.2060.

23. Collie W. Conoley et al., "Predictors of Client Implementation of Counselor Recommendation", *Journal of Counseling Psychology* 41, número 1 (1994): 3-7 https://psycnet.apa.org/record/1994-2305-001.

Capítulo 14

24. Ping Wang e Xiaochum Wang, "Effect of Time Management Training on Anxiety, Depression, and Sleep Quality", *Iranian Journal of Public Health*, 47, número 12 (2018): 1822-1831, https://www.ncbi.nlm.nih.gov/pmc/articles/PMC6379615/.

Capítulo 16

25. "Understanding Racial Microaggression and Its Effects on Mental Health, Pfizer", sem data, https://www.pfizer.com/news/articles/understanding_racial_microaggression_and_its_effect_on_mental_health.

26. Jillesa Gebhardt "Study: Microaggressions in the Workplace", SurveyMonkey, sem data, https://www.surveymonkey.com/curiosity/microaggressions-research/.

27. "Offer Employees the Flexibility to Fit Work into Their Lives", Lean In, scm data, https://leanin.org/women-in-the-workplace-report-2018/offer-employees-the-flexibitlity-to-fit-work-into-their-lives.

28. Ben C. Fletcher "Diversity and Inclusiveness Is Good for Your Well-Being", *Psychology Today*, 18 de setembro de 2016, https://www.psychologytoday.com/us/blog/do-something-different/201609/diversity-and-inclusiveness-is-good-your-well-being.

29. Frank Houghton e Sharon Houghton, "'Blacklists' and 'Whitelists': A Salutary Warning Concerning the Prevalence of Racist Language in Discussion of Predatory Publishing", *Journal of the Medical Library Association* 106, número 4 (2018): 527-530, https://www.ncbi.nlm.nih.gov/pmc/articles/PMC6148600/.

Capítulo 17

30. Larry Dossey, "The Helper's High", *Explore* 14, número 6 (2018): 393-399.
31. "The App Evaluation Model", American Psychiatric Association, https://www.psychiatric.org/psychiatrists/practice/mental-health-apps/the-app-evaluation-model.

Capítulo 18

32. Paul Greenberg: "A CEO's Radical Treatment for a Lifetime of Depression", *The Hollywood Reporter*, 23 de julho de 2018, https://www.hollywoodreporter.com/lifestyle-news/paul-greenberg-details-lifelong-psychiatric-struggle-radical-treatment-1127797.

Capítulo 20

33. Mind Share Partners, *Mental Health at Work 2021 Report*, https://www.mindsharepartners.org/mentalhealthatworkreport-2021; https://nami.org/Get-Involved/Pledge-to-Be-StigmaFree/StigmaFree-Company.
34. "StigmaFree Company", *National Alliance on Mental Illness*, http://www.nami.org/Get-Involved/Pledge-to-Be-StigmaFree/StigmaFree-Company.
35. "Mental Health and Employers: Refreshing the Case for Investment", Deloitte, janeiro de 2020, https://www2.deloitte.com/content/dam/Deloitte/uk/Documents/consultancy/deloitte-uk-mental-health-and-employers.pdf.

CONHEÇA OS TÍTULOS DA *HARVARD BUSINESS REVIEW*

10 LEITURAS ESSENCIAIS

Desafios da gestão
Gerenciando pessoas
Gerenciando a si mesmo
Para novos gerentes
Inteligência emocional
Desafios da liderança
Lições de estratégia
Gerenciando vendas
Força mental
Alto desempenho

UM GUIA ACIMA DA MÉDIA

Negociações eficazes
Apresentações convincentes
Como lidar com a política no trabalho
A arte de dar feedback
Faça o trabalho que precisa ser feito
A arte de escrever bem no trabalho
Como lidar com o trabalho flexível
Como melhorar a saúde mental no trabalho

SUA CARREIRA EM 20 MINUTOS

Conversas desafiadoras
Gestão do tempo
Reuniões objetivas
Feedbacks produtivos

sextante.com.br